HANDEBOL

HANDEBOL

CONCEITOS E APLICAÇÕES

Alexandre Gomes de Almeida
Clodoaldo José Dechechi

Manole

Capa: Rubens Lima
Projeto gráfico e diagramação: Departamento editorial da Editora Manole

Este livro contempla as regras no Acordo Ortográfico da Língua Portuguesa de 1990, que entrou em vigor no Brasil.

Dados Internacionais de Catalogação na Publicação (CIP)
(Câmara Brasileira do Livro, SP, Brasil)

Almeida, Alexandre Gomes de
Handebol: conceitos e aplicações / Alexandre Gomes de Almeida, Clodoaldo José Dechechi – Barueri, SP : Manole, 2012

Bibliografia.
ISBN 978-85-204-3282-2

1. Handebol I. Dechechi, Clodoaldo José. II. Título

11-04852 CDD-796.31

Índices para catálogo sistemático: 1. Handebol: Esporte 796.31

Editora Manole Ltda.
Avenida Ceci, 672 – Tamboré
06460-120 – Barueri – SP – Brasil
Tel.: (11) 4196-6000 – Fax: (11) 4196-6021
www.manole.com.br
info@manole.com.br

Impresso no Brasil
Printed in Brazil

DEDICO ESTA OBRA à minha esposa Tamara e à minha família, pelo amor, dedicação, carinho e paciência.

Agradeço aos amigos queridos pelo companheirismo. Aos antigos e atuais alunos e atletas, que são fonte de inspiração, motivação e alegria. Aos professores e técnicos, por despertar e alimentar minha paixão pela educação física e pelo handebol. Aos colegas de trabalho, pelos ensinamentos e apoio. Ao professor Clodoaldo Dechechi, pela amizade e por tornar possível a elaboração desta obra.

Alexandre Gomes de Almeida

A TODA MINHA FAMÍLIA. Só entendemos plenamente o real significado dessa palavra com o passar dos anos, ao encontrarmos nela o porto seguro para superar os percalços que a vida nos apresenta.

A todos os professores, alunos e colegas de profissão, os quais contribuíram para minha formação, não apenas profissional mas como ser humano.

Clodoaldo José Dechechi

OS AUTORES AGRADECEM ao professor doutor Pablo Juan Greco pela honrosa apresentação desta obra, escrevendo um prefácio de maneira inteligente e elogiosa.

SOBRE OS AUTORES

Alexandre Gomes de Almeida
Mestre em Ciências da Motricidade – Unesp.
Licenciado em Educação Física – Unesp.
Professor das disciplinas de Handebol e Treinamento em Handebol da Faculdade de Educação Física – PUC/Campinas.
Técnico de equipes de handebol e handebol de areia.

Clodoaldo José Dechechi
Mestre em Bioquímica do Exercício – Unicamp.
Especialista em Bioquímica, Fisiologia, Treinamento e Nutrição Esportiva – Unicamp.
Bacharel em Treinamento Esportivo – Unicamp.
Professor das disciplinas de Handebol e Treinamento Esportivo do curso de Educação Física da Faeso (Faculdade Estácio de Sá de Ourinhos).
Preparador físico de equipes de handebol e handebol de areia.

SUMÁRIO

PREFÁCIO

TENHO O PRAZER de realizar o prefácio deste livro sobre handebol, escrito por dois jovens professores, Alexandre Gomes de Almeida, mestre em Ciências da Motricidade, formado pela Unesp, e Clodoaldo José Dechechi, mestre em Bioquímica do Exercício, formado pela Unicamp. Ambos militam no handebol há muitos anos.

Recebi o convite deles com muita alegria; aparentemente, realizar o prefácio de um texto é tarefa para alguém com certa expressão na área. Minha alegria surgiu também pelo fato de que teremos no mercado mais uma obra relacionada ao handebol, um "esporte diversificado e inteligente para pessoas com talento".

Alexandre e Clodoaldo têm a curiosidade de pesquisadores e a motivação de serem professores aliadas ao próprio interesse da prática do esporte. Eles já têm várias publicações científicas importantes e apresentações em congressos na área. O texto se apoia na experiência vivenciada pelos dois autores.

Handebol: conceitos e aplicações segue uma perspectiva de afastamento dos convencionalismos existentes nos livros-texto, mas deixa clara a teoria relacionada com os conteúdos inerentes à modalidade. Também assume uma diretriz tácita, pela qual se entende o esporte como um meio de formação do indivíduo, e destacam-se as possibilidades de praticá-lo em diferentes níveis de rendimento.

Os autores não poupam esforço para resumir, de forma didática, os conteúdos relacionados com os aspectos técnicos e táticos desse fascinante esporte. Basicamente, o livro desenvolve, em seus três capítulos, os aspectos relacionados com a modalidade, começando por uma análise sucinta, porém eficiente, da evolução histórica, suas origens e a forma atual de organização nos âmbitos nacional e internacional, na qual se destaca a participação das equipes brasileiras nas últimas décadas.

No primeiro capítulo, com foco em alunos e professores (licenciados ou graduados) de Educação Física, que pretendem trabalhar com a modalidade nos diferentes níveis de rendimento, os autores descrevem as regras do jogo, visando à familiarização do leitor.

No segundo capítulo, estão os aspectos relacionados com as capacidades táticas no handebol. O conceito de tática e os diferentes conteúdos ligados às táticas individual, de grupo e coletiva de ataque e defesa são didaticamente estruturados, facilitando a compreensão e a rápida aplicação no trabalho cotidiano. São tratados também os aspectos referentes às ações táticas do goleiro de handebol; todos os elementos constitutivos das capacidades táticas são relatados de forma simples e concreta para auxiliar o leitor na sua aplicação.

No terceiro capítulo, são apresentadas as capacidades técnicas inerentes ao handebol. A descrição dos gestos e dos fundamentos técnicos da modalidade segue o mesmo padrão em toda a obra, isto é, uma linguagem simples e direta para facilitar a compreensão do leitor. Descrevem-se as técnicas de ataque e de defesa, bem como as técnicas de goleiro de handebol, que entram em um apartado próprio das técnicas de defesa.

Esta obra permitirá amplo conhecimento sobre a modalidade, facilitando seu desenvolvimento e incentivando a construção de suas próprias conclusões. A leitura e a apropriação de conhecimento são a base do sucesso profissional. Leia, estude, crie, invente e reinvente. O sucesso depende da aprendizagem, e nunca paramos de aprender. Caso isso seja incitado na leitura deste livro, este terá alcançado seu objetivo, pois se converterá em instrumento para a reflexão da nossa práxis.

Boa leitura e muito sucesso.

Prof. Dr. Pablo Juan Greco

1 INTRODUÇÃO AO HANDEBOL

O HANDEBOL É UM ESPORTE coletivo com bola, jogado com as mãos, cujo objetivo é marcar mais gols que o adversário numa baliza de 3 × 2 metros defendida por um goleiro. De acordo com Teixeira (2003), o handebol é muito parecido com o futebol, porém é jogado com as mãos e, por isso, recebe este nome em inglês (*handball*): *hand* = mão e *ball* = bola. É um esporte bastante dinâmico, divertido para quem joga e interessante para quem assiste devido, principalmente, à velocidade das jogadas, ao contato físico e às ações dos goleiros (Clanton e Dwight, 1997).

Atualmente o handebol pode ser praticado como handebol de quadra, handebol de areia, mini-handebol, handebol para terceira idade, handebol em cadeiras de rodas e handebol de campo. Porém, a Federação Internacional de Handebol (International Handball Federation – IHF) reconhece oficialmente apenas o handebol de quadra (*indoor handball* ou *team handball*) e o handebol de areia (*beach handball*), realizando atividades voltadas para a prática e o desenvolvimento dessas duas modalidades. Neste livro, abordaremos exclusivamente o handebol de quadra, utilizando o termo **handebol** para se referir à modalidade.

EVOLUÇÃO HISTÓRICA

As origens do jogo de handebol

Jogos de equipe e com a bola sendo jogada com as mãos fazem parte da história da humanidade. Na Grécia Antiga (600 a. C.), o jogo *Urania*, descrito por Homero na *Odisseia*, era praticado com uma bola do tamanho de uma maçã, com as mãos e sem balizas. O médico Claudius Galenus relatou que em Roma (130-200 d. C.) se praticava um jogo com as mãos denominado *Harpaston*. Na Idade Média também temos exemplos de jogos de bola com as mãos, como o *Fangballspiel* (jogo de pegar a bola), que aparece nos versos do poeta lírico alemão Walther von der Vogelweide, entre os anos 1170 e 1230. Na França (1494-1533), o escritor Rabelais citou o *Esprés Jouaiant à Balle, à la Paume* como uma espécie de handebol. No final do século XVIII, os inuítes da Groenlândia jogavam um jogo similar ao handebol (International Handball Federation, 2010; Confederação Brasileira de Handebol, 2010; Federação Paulista de Handebol, 2010). Os jogos descritos podem ser considerados ancestrais do handebol, pois apresentavam algumas semelhanças quanto à estrutura e às regras do jogo. Entretanto, outras modalidades esportivas coletivas com bola também têm características que as aproximam desses jogos da Antiguidade, como o rúgbi e o futebol.

O handebol tem uma origem mais direta nos jogos que apareceram a partir do século XIX, na Europa e América do Sul. Países como Dinamarca, Alemanha e Suécia podem ser considerados os verdadeiros pioneiros do handebol dos tempos modernos. Os primeiros registros são do *Haandbold*, em 1848, criado pelo professor Holger Nielsen, do Instituto de Ortrup, na Dinamarca. Em 1897, também na Dinamarca, era praticado um jogo que reunia características do handebol, na cidade de Nyborg. Na Checoslováquia, em 1905, o professor A. Kristof formulou as regras do *Hazena*, jogado em um campo dividido em três partes: zona de defesa, zona neutra e zona de ataque, inspiradas nas zonas de hóquei sobre o gelo. A International Handball Federation (2010) considera o *Hazena* uma espécie de handebol de campo. Menciona-se um jogo similar, na Irlanda, e o *Balón*, no Uruguai. (International Handball Federation, 2010; Federação Paulista de Handebol, 2010; Ferreira [s.d.]).

Segundo Camargo Netto (1982), Holger Nielsen publicou as regras do *Haandbold* em 1906; consistia em um jogo de sete jogadores por equipe que se confrontavam em um campo de 45 × 30 metros e tinham o objetivo de arremessar uma bola com as mãos em um arco de 3 × 2 metros. Ainda em 1906, há relato de que na Suécia era praticado o *handball* que, assim como o *Neuer Raffball* e o *Torball*, era um jogo de marcar gol com as mãos, mas não permitia ao praticante correr com a bola ou segurá-la por mais de 3 segundos (International Handball Federation, 2010).

O *Balón* foi inventado pelo professor de Educação Física Antonio Valeta, por volta de 1911. Entre 1911 e 1914, há relatos de que Karl Schelenz, professor de Educação Física, esteve no Uruguai a serviço da Marinha alemã e observou partidas do *Balón*. Ao retornar à Alemanha, descreveu o jogo uruguaio para o colega professor Max Heiser. A Federação Internacional de Handebol Amador reconheceu o *Balón* como a origem direta do handebol de campo, nomeando o professor Antonio Valeta membro honorário da instituição pela criação desse jogo (Camargo Netto, 1982; Homar Llinas, 1968; Ferreira, [s.d.]).

O handebol como esporte

O handebol de campo foi a primeira forma da modalidade a ser oficializada e tornou-se popular graças aos professores alemães de ginástica que utilizavam o jogo como alternativa para o futebol, principalmente para as mulheres. Max Heiser desenvolvia um jogo ao ar livre para as operárias da fábrica Siemens, que era derivado do *Torball* e, em 1917, elaborou as primeiras regras oficiais do handebol para mulheres. Em 1919, Karl Schellenz reformulou as regras para os homens, publicando-as pela Federação Alemã de Ginástica. O handebol de campo era disputado por onze jogadores em cada equipe, em um campo com dimensões semelhantes às do futebol. Karl Schellenz, além de oficializar, foi também responsável por divulgar o handebol de campo, pois era professor da então famosa Universidade de Berlim, onde seus alunos, principalmente os estrangeiros, difundiram as regras por diversos países. Porém, o handebol de campo se estabeleceu completamente quando Carl Diem, diretor da Escola Superior de Educação Física Alemã, reconheceu oficialmente o jogo como esporte, em 1920. Em 1925, foi disputada a primeira partida internacional de handebol, entre Alemanha e Áustria, vencida pelos austríacos por 6 a 3 (International Handball Federation, 2010; Confederação Brasileira de Handebol, 2010; Federação Paulista de Handebol, 2010).

Como ainda não havia uma federação exclusiva dessa modalidade, o handebol era organizado por associações de Educação Física e associações atléticas nacionais. Em 1926, o Congresso da Federação Atlética Amadora

Internacional nomeou uma comissão a fim de elaborar as regras internacionais para o handebol de campo. No mesmo ano, na 25ª sessão do COI (Comitê Olímpico Internacional), foi pedida a inclusão do handebol no programa dos jogos olímpicos. Confirmando o crescimento da modalidade, em 1928, durante os Jogos Olímpicos de Amsterdã, Holanda, foi criada a FIHA (Federação Internacional de Handebol Amador) – e escolhido por onze países o seu primeiro presidente, o americano Avery Brudage, que mais tarde se tornou presidente do COI (International Handball Federation, 2010; Federação Paulista de Handball, 2010).

Em 1933 foi anunciada pelo COI a inclusão do handebol nos Jogos Olímpicos de Berlim, em 1936. Apenas seis países participaram do torneio de handebol dessas olimpíadas, tendo a Alemanha conquistando a medalha de ouro ao vencer a Áustria por 10 a 6 na final, disputada no Olympia Stadium diante de um público de 100 mil pessoas. Durante a competição, a FIHA realizou um congresso que reuniu quarenta representantes de nações filiadas (International Handball Federation, 2010).

O primeiro campeonato mundial foi realizado na Alemanha em 1938, com participação de oito países, e vencido pela Alemanha; a Áustria ficou com o vice-campeonato. O reinício dos campeonatos mundiais aconteceu em 1948 para homens e em 1949 para mulheres, já sob a organização da IHF, que foi fundada numa reunião entre dirigentes em Copenhagen, Dinamarca, em 11 de julho de 1946, ao término da Segunda Guerra Mundial. Inicialmente, a Federação Internacional de Handebol foi sediada na Suécia, sob a presidência do sueco Costa Bjork. Em 1950, a sede foi transferida para a Suíça, onde se encontra até hoje (International Handball Federation, 2010).

O handebol de quadra

O handebol de quadra originou-se do *Haandbold* dinamarquês, e sua prática ficou limitada aos países escandinavos, que jogavam em recintos fechados devido ao rigoroso inverno. Suas regras foram unificadas e internacionalizadas em 1934, no Congresso da FIHA, em Estocolmo, Suécia. O handebol de quadra foi disputado no primeiro campeonato mundial em 1938, na Alemanha, com a participação de quatro países. Além das razões climáticas (inverno rigoroso), o handebol de quadra estabeleceu-se como a modalidade mais praticada por ser mais veloz e não concorrer pelo espaço do campo com o futebol.

Assim, em 1966, foi suspensa a realização dos campeonatos mundiais de campo (Federação Paulista de Handebol, 2010). A estreia do handebol de quadra nos jogos olímpicos aconteceu em 1972 (Munique, Alemanha) no masculino e em 1976 (Montreal, Canadá) no feminino (International Handball Federation, 2010; Federação Paulista de Handebol, 2010; Ferreira [s.d.]).

Nos Jogos Olímpicos de Pequim, em 2008, a medalha de ouro foi conquistada pela França (masculino) e pela Noruega (feminino). Nos últimos campeonatos mundiais da Croácia e da China em 2009, os campeões foram França (masculino) e Rússia (feminino) (International Handball Federation, 2010).

O handebol no Brasil

A prática do handebol no Brasil teve início na década de 1930, devido a inúmeros imigrantes europeus que se estabeleceram nas regiões sul e sudeste do Brasil, os quais praticavam o handebol de campo. A Federação Paulista de Handebol (FPH) foi a primeira instituição da modalidade a ser instituída no país, em 1940, sendo então presidida por Otto Schemelling. Nesse período, jogava-se o handebol de campo. Porém, em 1954, foi disputado o Primeiro Torneio Aberto de Handebol de quadra no Brasil, organizado pela FPH e realizado no Esporte Clube Pinheiros. A modalidade agradou tanto os praticantes que a CBD (Confederação Brasileira de Desportos), órgão que regia nacionalmente o desporto amador na época e foi precursor do COB (Comitê Olímpico Brasileiro), criou o departamento de handebol, responsável pela organização de campeonatos em várias categorias no território nacional (Confederação Brasileira de Handebol, 2010).

Um fato muito importante para o desenvolvimento do handebol no Brasil foi a apresentação da modalidade pelo professor francês Auguste Listello, no Curso Internacional de Santos de 1954. Dessa forma, professores de Educação Física de todas as regiões do país passaram a desenvolver o handebol de maneira organizada e com bases didático-pedagógicas adequadas. O número de praticantes aumentou, principalmente nas escolas, e, em 1971, o handebol foi incluído no III Jogos Estudantis Brasileiros (JEBs), realizado em Belo Horizonte. No JEBs de 1972, participaram da competição dez equipes femininas e doze masculinas. Ainda em 1972, a modalidade fez parte pela primeira vez dos Jogos Universitários Brasileiros (JUBs) em Fortaleza,. Em 1973, foi disputado o primeiro Campeonato Brasileiro Juvenil masculino e feminino, em Niterói. Em 1974, realizou-se o primeiro Campeonato Brasileiro Adulto, em Fortaleza (Federação Paulista de Handebol, 2010).

A Confederação Brasileira de Handebol, com a sigla CBHb, foi fundada em julho de 1979, tendo a primeira sede em São Paulo e presidida pelo professor Jamil André. Atualmente a sede da CBHb encontra-se na cidade de Aracaju. O primeiro torneio organizado pela CBHb foi a Taça Brasil de Clubes, no ano de 1980, em São Paulo (Confederação Brasileira de Handebol, 2010). A partir daí, o handebol brasileiro passou a se organizar cada vez mais e a participar de competições internacionais. Segundo Vieira e Freitas (2007), a primeira participação brasileira em campeonatos mundiais foi em 1987 na Itália, com a seleção masculina adulta participando da segunda divisão da competição. A seleção feminina adulta estreou nesse mesmo ano na segunda divisão do Mundial na Bulgária.

Em Jogos Olímpicos, o Brasil participou pela primeira vez em 1992 (Barcelona) com a seleção masculina e ficou na 12ª colocação. No entanto, a seleção brasileira só participou dessa olimpíada devido à desistência de Cuba, dona da vaga pan-americana. Em 1996, nas Olimpíadas de Atlanta, o Brasil disputou a competição sob a mesma condição de 1992 (a desistência de Cuba) e ficou com 11ª colocação. Nos Jogos Pan-americanos de Winnipeg, em 1999, o Brasil conquistou a medalha de prata com a seleção masculina e a medalha de ouro com a seleção feminina. Esse resultado garantiu à seleção brasileira feminina uma vaga para disputar sua primeira olimpíada, em Sydney, em 2000, a qual terminou em oitavo lugar.

A CBHb lançou em 2002 um importante projeto para o handebol brasileiro, o Encontro Nacional de Professores de Handebol das Instituições de Ensino Superior Brasileiras, que teve a primeira edição realizada em Praia de Leste. O evento acontece anualmente, sendo cada edição promovida em uma cidade diferente, onde as propostas para o desenvolvimento da modalidade são discutidas e aperfeiçoadas. Assim, os professores responsáveis pela formação acadêmica dos futuros professores de Educação Física e técnicos que trabalharão com o handebol podem passar conhecimento altamente atualizado para seus alunos.

O Brasil estabeleceu hegemonia nas Américas quando conquistou medalha de ouro com as seleções masculina e feminina no Pan de Santo Domingo, em 2003, e repetiu o feito no Rio de Janeiro em 2007 (International Handball Federation, 2010). No entanto, atualmente o Brasil é o décimo colocado no masculino e o nono no feminino dos últimos jogos olímpicos disputados em Pequim, em 2008. No último Campeonato Mundial Masculino Adulto, disputado em 2009 na Croácia, o Brasil ficou em 21º lugar. No feminino, o Brasil foi o 15º colocado no Mundial da China, também em 2009 (International Handball Federation, 2010). Em 2010, o handebol brasileiro obteve excelentes resultados nos Jogos Olímpicos da Juventude em Singapura, conquistando a medalha de bronze no feminino e a quarta colocação no masculino (Comitê Olímpico Brasileiro, 2010).

ORGANIZAÇÃO DA MODALIDADE

O handebol é uma modalidade olímpica e, portanto, a IHF é reconhecida pelo Comitê Olímpico Internacional (COI) como a entidade que representa o handebol internacionalmente. Está sediada na Basileia, Suíça, sendo sua responsabilidade organizar competições, desenvolver e promover a modalidade por todo o mundo. Em 2010, 167 federações estavam filiadas à IHF, o handebol é jogado em 183 países e tem cerca de 800 mil equipes no mundo inteiro. Em termos de comparação, a FIFA, órgão máximo do futebol mundial, agrega 203 países em seu quadro de afiliados. A IHF organiza as competições internacionais em parceria com as federações dos continentes (Ásia, África, Europa e Américas) e países que sediam tais eventos. Veja abaixo as competições que fazem parte do calendário de eventos (International Handball Federation, 2010):

Competições internacionais

Campeonatos mundiais

Categorias: adulto, júnior e juvenil
Naipes: masculino e feminino
Periodicidade: 2 anos

Jogos olímpicos
Categorias: adulto e juvenil
Naipes: masculino e feminino
Periodicidade: 4 anos

Torneios de qualificação olímpica
Categoria: adulto
Naipes: masculino e feminino
Periodicidade: 4 anos

Esses torneios acontecem apenas na Europa, pois, devido à quantidade de países que praticam handebol, o continente possui mais vagas para os jogos olímpicos que os demais. Para o resto do mundo, as vagas ficam com os dois primeiros colocados dos jogos desportivos continentais.

Nas Américas, o handebol é organizado pela Federação Pan-americana de Handebol (PTHF, Panamerican Team Handball Federation), com sede em Aracaju no Brasil, que promove as seguintes competições (Panamerican Team Handball Federation, 2010):

Campeonatos pan-americanos
Categorias: adulto, júnior e juvenil
Naipes: masculino e feminino
Periodicidade: 2 anos
Qualificatório para os campeonatos mundiais.

Jogos desportivos pan-americanos
Categoria: adulto
Naipes: masculino e feminino
Periodicidade: 4 anos
Qualificatório para os campeonatos mundiais.

Campeonatos pan-americanos de clubes
Categoria: adulto
Naipes: masculino e feminino
Periodicidade: anual

A Confederação Sul-americana de Handebol (COSB, Confederación Sudamericana de Balonmano) é a responsável pelo handebol na América do Sul, mas subordinada à PTHF. As principais competições são:

Campeonatos sul-americanos
Categorias: adulto, júnior e juvenil
Naipes: masculino e feminino
Periodicidade: 2 anos
Qualificatório para os campeonatos pan-americanos.

Jogos desportivos sul-americanos
Categoria: adulto
Naipes: masculino e feminino
Periodicidade: 4 anos

Competições nacionais

No Brasil, a Confederação Brasileira de Handebol (CBHb) constitui a entidade máxima da modalidade, sediada em Aracaju. O handebol é praticado em todos os estados e no Distrito Federal, somando 27 federações filiadas à CBHb em 2010. No calendário nacional da CBHb, temos as seguintes competições que acontecem anualmente (Confederação Brasileira de Handebol, 2010):

Nacionais

Liga Nacional
Categoria: adulto
Naipes: masculino e feminino

Copa Brasil
Categoria: adulto
Naipes: masculino e feminino

Campeonato Brasileiro da Primeira Divisão
Categoria: adulto
Naipes: masculino e feminino

Campeonato Brasileiro de Clubes
Categorias: júnior, juvenil e cadete
Naipes: masculino e feminino
Campeonato Brasileiro de Seleções
Categoria: cadete
Naipes: masculino e feminino

Regionais

Liga Nordeste
Categoria: adulto
Naipes: masculino e feminino
Taça Amazônica
Categoria: adulto
Naipes: masculino e feminino
Copa Nordeste de Clubes
Categoria: juvenil
Naipes: masculino e feminino
Copa Nordeste de Seleções
Categoria: cadete
Naipes: masculino e feminino

Estudantil

Olimpíada Escolar
Categorias: 12 a 14 anos; 15 a 17 anos
Naipes: masculino e feminino

Além de organizar competições, a CBHb também promove a modalidade através de inúmeras ações. Uma delas é a formação das seleções brasileiras para disputar as competições internacionais realizadas pela IHF. O Brasil participa de todas as competições internacionais e, embora seja atualmente a principal força do handebol nas Américas, no contexto mundial, nossas seleções nacionais ainda não conquistaram resultados expressivos. Por outro lado, é cada vez maior o número de jogadores brasileiros atuando em clubes europeus. Esse dado é importante, pois sabemos que a Europa, além de ser o "berço" do handebol, é também o continente em que se encontram muitos dos melhores jogadores e equipes do mundo.

REGRAS RESUMIDAS

O handebol é composto por dezoito regras que compõem o "como jogar" a partida. Nesse tópico, será apresentado um resumo das principais considerações acerca das regras do handebol, a partir do que consta na última atualização publicada pela IHF em 2010.

A quadra de jogo

Uma quadra de handebol mede 40 metros de comprimento por 20 metros de largura. A linha da área de gol (linha dos 6 metros) é considerada a mais importante, pois ela demarca o espaço onde apenas o goleiro pode jogar. Um jogador no ataque pode saltar em direção à área de gol para arremessar desde que solte a bola antes de cair dentro da área. As balizas (traves) medem 3 metros de largura por 2 metros de altura.

A bola

Deve ser de couro ou material sintético, esférica e não pode ser brilhante ou escorregadia. Para jogadores adultos, a bola das mulheres deve ter entre 54 e 56 centímetros de circunferência e pesar entre 325 e 375 gramas (tamanho 2) e a dos homens entre 58 e 60 centímetros e de 425 a 475 gramas (tamanho 3). Existe a bola tamanho 1 (50 a 52 cm; 290 a 330 g) para meninas entre 8 e 14 anos e meninos entre 8 e 12 anos.

A equipe

É composta por catorze jogadores, sendo que podem permanecer em quadra, no máximo, sete jogadores (um goleiro e seis jogadores de linha). Os substitutos podem entrar no jogo pela zona de substituição localizada na lateral da quadra, a qualquer momento, desde que um companheiro de equipe tenha deixado a quadra pelo mesmo local. Não é necessário comunicar o árbitro sobre as substituições e não há limite de entradas e saídas no jogo.

Os uniformes dos jogadores devem ser idênticos, e a camisa do(s) goleiro(s) deve ser de cor diferente dos seus colegas de equipe e dos adversários. Os uniformes podem ser numerados de um a vinte. É proibido usar pulseiras, relógios, anéis, colares ou qualquer objeto que possa colocar em perigo os jogadores.

Os árbitros

Uma partida é monitorada por dois árbitros com igual autoridade que são assistidos por um secretário e um cronometrista.

A duração da partida

Para jogadores de dezoito anos ou mais, o jogo é disputado em dois períodos de 30 minutos com 10 minutos de intervalo. Para competições de jogadores mais jovens, as partidas podem ser de 2 × 20 minutos ou 2 × 25 minutos com 10 minutos de intervalo em ambos os casos. Cada técnico tem direito a um tempo técnico por período, com duração de 1 minuto cada. Se o jogo terminar empatado e houver necessidade de um vencedor, uma prorrogação de 2 × 5 minutos com 1 minuto de intervalo é disputada após 5 minutos do término do tempo normal. Se houver novo empate, uma segunda prorrogação será disputada. Persistindo o empate, a decisão será feita de acordo com o regulamento de cada competição.

O manejo da bola

É permitido a cada jogador: deslocar-se de posse da bola (sem quicar) por até 3 passos; manter-se de passe da bola (sem quicá-la ou deslocar-se com ela) por até 3 segundos; driblar a bola ilimitadamente seguido por até 3 passos de posse dela após parar de driblá-la; usar a mão aberta para tirar a bola das mãos de outro jogador; usar os braços flexionados para fazer contato com o adversário e acompanhá-lo dessa maneira; usar o próprio tronco para bloquear o adversário, na “luta” por posição e por espaço. Concomitantemente, não é permitido colocar em perigo um adversário com a bola; puxar, bater ou socar a bola estando esta nas mãos do adversário; ter contato com a bola ou com qualquer parte do corpo abaixo do joelho e mergulhar no chão em busca de uma bola parada ou em movimento.

O jogo passivo

Não é permitido a qualquer equipe manter posse de bola sem uma tentativa reconhecida de atacar ou anotar gol.

A marcação do adversário

Ao jogador é permitido usar o tronco do corpo para obstruir um adversário com ou sem a posse da bola. Porém, o uso dos braços ou das pernas para obstruir, empurrar, segurar ou bater não e permitido. Ao jogador que está atacando não é permitido usar de carga excessiva sobre o defensor.

As violações

Para violações ou faltas menores, um tiro livre é concedido para o adversário no ponto exato em que ocorreu. Se a violação ou falta ocorrer entre a linha de 9 e de 6 metros, a falta será cobrada fora da linha de 9 metros, mas na mesma direção em que a falta ocorreu; o executante deverá manter um pé em contato com o chão e, em seguida, passar ou arremessar a bola. É anotado um tiro de 7 metros quando:

- uma falta impede uma chance clara de gol;
- o goleiro, de posse da bola e fora de sua área, a carrega para dentro desta;
- um jogador de linha lança a bola deliberadamente para dentro de sua área de gol, e o goleiro a toca;
- um jogador de defesa entra em sua área de meta para ganhar uma vantagem sobre um jogador atacante, de posse da bola.

Todos os jogadores devem estar atrás da linha de 9 metros quando da cobrança do tiro de 7 metros. O cobrador não pode ultrapassar o tempo de 3 segundos para cobrar o tiro.

A progressão das punições

Diz respeito às punições que requerem mais do que somente um tiro livre, como ações dirigidas diretamente ao adversário em detrimento da bola (segurar, empurrar, bater, tropeçar ou pular sobre o oponente), e devem ser punidas progressivamente. São elas:

Advertência (cartão amarelo)

Apenas uma advertência a um jogador por violação à regra. São permitidos, no máximo, três cartões amarelos por equipe a cada partida. Exceder esse limite resulta em suspensões de dois minutos, sendo que a equipe permanece por esse tempo com um jogador a menos em quadra. Porém, esses avisos (cartões amarelos) não são necessários antes de dar uma suspensão de dois minutos, sendo requisitos para essa punição: graves ou repetidas violações das regras; conduta antidesportiva; conduta ilegal, como faltas que são cometidas com alta intensidade ou contra o adversário que está correndo rápido; segurar um adversário por muito tempo ou derrubá-lo; faltas contra a cabeça, garganta ou pescoço; golpes fortes contra o tronco ou braço de arremesso; tentativa de fazer o adversário perder o controle do corpo; atropelar ou saltar sobre um adversário com grande velocidade.

Desqualificação (cartão vermelho)

O equivalente a três suspensões de dois minutos. Um jogador desqualificado deverá sair da quadra de jogo, mas a equipe poderá voltar a ficar completa após o término do tempo de suspensão (dois minutos). A expulsão foi substituída pelo termo "Desqualificação com relatório", em que o árbitro, ao final da partida, relata o motivo da desqualificação de determinado jogador, cabendo às autoridades responsáveis a aplicação de medidas punitivas adicionais.

2 ELEMENTOS TÁTICOS

O OBJETIVO MAIOR das equipes que disputam uma partida de handebol é terminar o jogo em vantagem no placar, convertendo mais gols que a adversária e, portanto, também devem evitar que os jogadores adversários convertam gols. As tentativas de converter o gol significam atacar, e as tentativas de evitá-lo, defender. De acordo com Stein e Federhoff (1995), **ataque** é toda atitude assumida por uma equipe que está com a posse da bola, sendo seus jogadores denominados **atacantes**. Já **defesa** é toda atitude assumida por uma equipe sem a posse da bola, sendo seus jogadores denominados **defensores**. A alternância entre ataque e defesa, as relações estabelecidas entre as equipes que se confrontam e a ação individual dos jogadores são as variáveis que definem o comportamento tático do jogo de handebol.

CONCEITO DE TÁTICA

Segundo Greco (2000), tática é uma capacidade senso-cognitiva que se baseia em processos psicofisiológicos, ou seja, captação e transmissão das informações providas pelo meio, interpretação destas, elaboração de respostas tendo como base conhecimentos pré-adquiridos e execução da resposta mais adequada encontrada. A tática também indica aos jogadores as formas de organização, preparação e finalização das ações de ataque e defesa (Antón, 1998).

A ação tática sempre deve ser orientada e consciente, relacionada a um objetivo específico e pautada pelas regras do esporte, sendo que o conhecimento das opções táticas individuais e das combinações táticas de grupo facilita a obtenção de êxito. Segundo Antón (1998), o comportamento tático de um jogador é a consequência de um programa neural sequenciado e complexo que envolve processos cognitivos, perceptivos, decisórios, executivos e volitivos relacionados com diversos fatores da conduta e do treinamento.

A tática refere-se a "o que fazer". É toda ação, individual ou coletiva, realizada para superar o adversário, tanto na defesa como no ataque. Esse é o conceito que elaboramos a partir do que tem sido apresentado na literatura específica de handebol disponível em português, conforme podemos observar a seguir:

- Para Simões (1978), tática é tudo aquilo que se relaciona com as ações individuais e coletivas, com objetivo predeterminado, procurando alcançar vantagens para sua equipe.
- São as ações conjuntas ou individuais que se realizam para se obter um resultado positivo, na luta com o adversário (Zamberlam, 1999).
- São as formas e/ou características das possíveis ações, para solução de problemas, com as quais um jogador pode se decidir, de acordo com as situações de jogo dadas (Ehret *et al.*, 2002).
- É a maneira pela qual são postos em ação os sistemas adotados em um jogo, tanto defensivos como ofensivamente, com o intuito de superar o adversário (Tenroler, 2004).

Tática individual

São as ações adequadas e econômicas do jogador com o objetivo de vitória sobre o adversário (Stein e Federhoff, 1995).

É toda ação de um jogador, na qual procure uma situação 1 × 1, sem uma ação direta do seu companheiro de equipe para alcançar o objetivo almejado (Ehret *et al.* 2002).

Tática de grupo

É parte da tática coletiva e compreende todas as ações adequadas e econômicas de grupos de jogadores em ataque e defesa, a colaboração direta, respectivamente, de dois ou vários jogadores (Stein e Federhoff, 1995).

Na tática de grupo, o processo de decisão do jogador tem sempre uma relação com a ação de, no mínimo, mais um jogador (Ehret *et al.*, 2002).

Tática de equipe

É o conjunto de ações e medidas econômicas orientadas para um objetivo que essa equipe utiliza com a finalidade de vencer o adversário. A base da tática de equipe é constituída por tática individual e tática de grupo. A tática de equipe é estabelecida quase sempre antes da partida; pode ajustar-se, contudo, à evolução do jogo e modificar-se quando a situação exigir (Stein e Federhoff, 1995).

Na tática de equipe, a colocação de ações individuais deve ter um conceito comum a toda equipe (Ehret *et al.*, 2002).

TÁTICAS DE ATAQUE

Organização dos jogadores no ataque

Os espaços que os jogadores de ataque podem ocupar são divididos em função das linhas e zonas da quadra.

Linhas ofensivas

Referem-se à divisão da quadra de ataque em sua profundidade, tomando como referência a área dos 9 metros.

Figura 2.1: Divisão da quadra de ataque em linhas.

Primeira linha ofensiva

Espaço compreendido entre a linha central e a linha da área de tiro livre (9 metros). Essa linha é ocupada pelos jogadores "de armação".

Segunda linha ofensiva

Espaço compreendido entre a linha da área de tiro livre e a linha da área de gol (6 metros). Essa linha é ocupada pelos jogadores "de finalização".

Zonas ofensivas

São as divisões da quadra de ataque na sua largura, tomando como referência as linhas laterais.

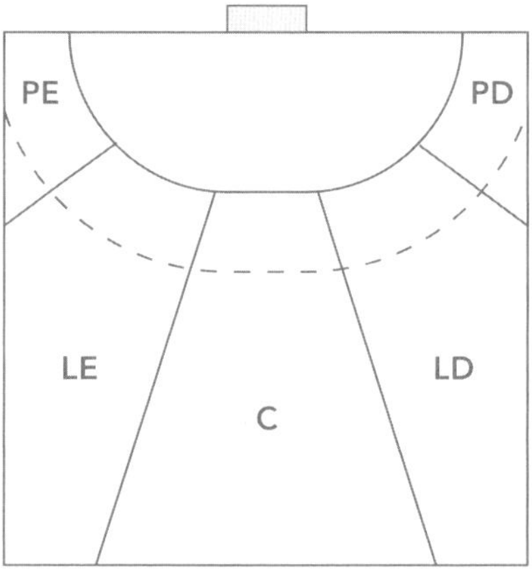

Figura 2.2: Divisão da quadra de ataque em zonas (PE = ponta esquerda, LE = lateral esquerda, C = central, LD = lateral direita, PD = ponta direita).

Postos específicos de ataque

Segundo Ehret *et al.* (2002), o posicionamento de jogo é caracterizado pela ação de cada jogador em um determinado setor ofensivo. A posição do jogador dentro da quadra ofensiva determina sua função específica de ataque. Assim, a distribuição dos jogadores nas linhas e zonas de ataque lhes confere funções (armadores e finalizadores) e nomenclaturas específicas, determinando os postos específicos de ataque.

Armadores esquerdo e direito

Posicionam-se na primeira linha ofensiva da zona lateral da quadra (esquerda ou direita), podendo ocupar transitoriamente a segunda linha ofensiva para realização de um arremesso em infiltração ou a fim de fazer e/ou receber uma assistência para um jogador finalizador. Além de serem os principais responsáveis pela organização do jogo de ataque, esses jogadores são também os principais arremessadores de longa distância (mais de 9 metros de distância do gol). Normalmente, um jogador destro assume a armação esquerda, e um canhoto, a armação direita, possibilitando maior ângulo de arremesso e facilidade nas suas linhas de corrida, protegendo a bola e o braço de lançamento.

Armador central

Ocupa originalmente a primeira linha ofensiva da zona central e pode jogar transitoriamente na segunda linha ofensiva para realização de um arremesso em infiltração ou a fim de fazer e/ou receber uma assistência para um jogador finalizador. Tem como principal função organizar o jogo, criando situações de arremesso para todos os companheiros de equipe e para si próprio. É comum que o armador central seja o jogador da equipe que reúne mais recursos técnico-táticos, sendo também o mais experiente.

Pontas esquerda e direita

São os jogadores posicionados na segunda linha ofensiva da zona externa da quadra (esquerda ou direita), sendo que, momentaneamente, podem ocupar a primeira linha ofensiva para dar apoio aos jogadores de armação em certas situações de jogo, realizar cruzamentos e procurar posições de lançamento de longas distâncias. Esses jogadores procuram estar livres para receber a bola dos companheiros de equipe a fim de arremessá-la ao gol.

Pivô

Posiciona-se na segunda linha ofensiva das zonas laterais (esquerda e direita) e central, jogando momentaneamente na primeira linha ofensiva para dar apoio aos armadores. O pivô é muito utilizado para finalizar as jogadas de ataque com arremesso ao gol e também faz o trabalho de chamar a atenção da defesa a fim de liberar as ações dos armadores, principalmente para permitir os arremessos desses.

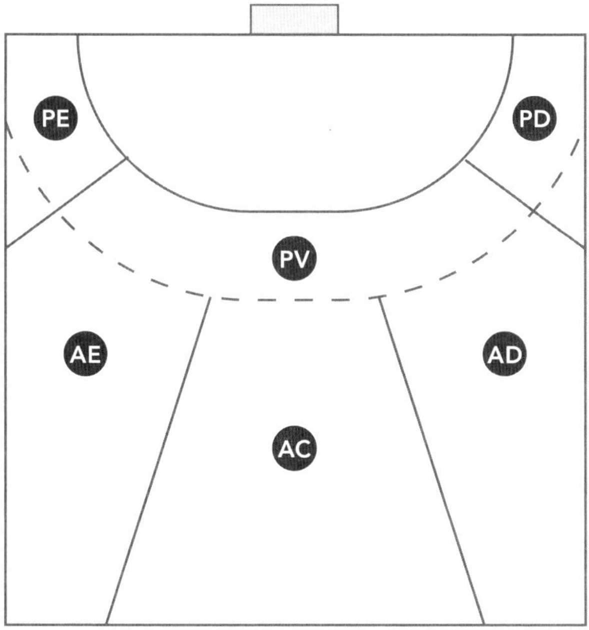

Figura 2.3: Postos específicos de ataque
(AE = armador esquerdo, AC = armador central, AD = armador direito, PE = ponta esquerda, PV = pivô, PD = ponta direita).

Fases do ataque

O ataque inicia-se no momento que a equipe recupera a posse de bola. A recuperação da posse de bola se dá quando o adversário comete um erro técnico (erro de passe, de recepção ou de arremesso), uma infração (invasão da área de gol, drible ilegal, sobrepassos, falta de ataque etc.), ou marca um gol.

Transição ofensiva

É a passagem da quadra de defesa para a quadra de ataque a partir do momento que a equipe recuperou a posse de bola, até quando a defesa adversária esteja devidamente organizada. Nessa fase, os jogadores realizam o contra-ataque direto ou sustentado, dependendo das circunstâncias do jogo.

Organização

Período em que os jogadores ocupam suas posições específicas de ataque. Ocorre imediatamente após um contra-ataque sem sucesso ou quando a equipe repõe a bola em jogo por meio do tiro de saída, com a equipe adversária já posicionada. Nessa fase, os jogadores realizam também a circulação de bola para estudar o adversário e iniciar a próxima fase.

Ataque em sistema

Depois de ocuparem suas respectivas posições de ataque, os jogadores se organizam em sistema e realizam ações táticas, com o objetivo de criar condição favorável para uma finalização eficiente, ou seja, um arremesso e a marcação de um gol. Também conhecido como ataque posicionado, esse é um momento em que claramente as estratégias da equipe são colocadas em prática.

Princípios táticos ofensivos

Para que em cada fase do ataque as ações táticas empregadas sejam eficientes, é necessário que os atacantes respeitem os princípios táticos do jogo ofensivo. Tais princípios podem estar relacionados às movimentações e ao posicionamento em quadra, ao jogar e cooperar com os colegas de equipe ou relacionados aos adversários. A seguir, serão apresentados os princípios táticos do jogo ofensivo.

Ocupação da largura e profundidade da quadra

Uma equipe bem distribuída em quadra, conseguindo ocupar todas as regiões esquematizadas na Figura 2.3, apresenta mais chances de êxitos no arremesso ao gol. Com essa distribuição, os defensores precisam posicionar-se de modo a preencher os espaços à frente dos atacantes, levando os defensores a distanciarem-se uns dos outros. Essa distância favorece os atacantes, facilitando a execução de ações individuais, grupais e coletivas.

Progressão em direção ao gol

A progressão em direção ao gol, também conhecida por progressão em profundidade (Antón, 1998), é muito importante para o êxito do ataque. Em fase de ataque, um atleta, com ou sem a posse da bola, ao deslocar-se em direção à meta adversária, por consequência atrai a atenção de seu marcador direto na defesa, e isso dificulta esse defensor no auxílio de algum companheiro na defesa. Por outro lado, se um atacante com ou sem a posse da bola progride, e seu marcador direto não está atento ao deslocamento, este atacante poderá aproveitar a oportunidade para realizar uma infiltração e arremessar a bola, ou mesmo receber um passe em deslocamento, realizar a infiltração e o arremate.

Manutenção dos postos específicos

A manutenção dos postos específicos é importante para a manutenção da ocupação da largura e profundidade da quadra. Se muitos atacantes estão posicionados em uma única região da quadra, esta situação favorece a defesa, já que os defensores podem aglomerar-se nessa região, dificultando as infiltrações.

Variação do ritmo

A variação de ritmo é um recurso muito útil em esportes intermitentes, como o handebol. Uma troca de passes com deslocamentos num mesmo ritmo deixa o defensor preparado para essa velocidade de deslocamento e, consequentemente, pode deslocar-se nesse mesmo ritmo para impedir ou dificultar o arremesso. Porém, atletas com mudanças de ritmo constantes durante a fase de ataque impedem os defensores de se prepararem para o ritmo de deslocamento e arremesso, sendo necessário, portanto, permanecer em estado de atenção para reagir à ação do atacante. Com isso, o ataque sempre se favorece dessa situação, já que o defensor, além de não poder prever qual ação será executada pelo atacante, também não poderá prever o ritmo, a velocidade com a qual será executada.

Campo visual

Este é um princípio básico do handebol: é necessário que o atacante sempre esteja com o alvo (o gol, a meta adversária) em seu campo visual, de modo a identificar as possibilidades de ações individuais ou coletivas. Desse modo, é imprescindível quc o atleta evite jogar de costas para o gol, procurando sempre tê-lo em seu campo visual.

Disciplina tática

A eficiência de uma ação tática depende diretamente da obediência às normas de condutas e atitudes por parte de todos os jogadores de ataque, por meio de ações individuais em prol do comportamento coletivo (Simões, 2006).

Ajuda recíproca (respostas)

A resposta é uma ação importantíssima no handebol. A ação de um atacante com a bola em direção ao gol levará a uma ação de um defensor, a fim de a impedir o êxito no arremate. Consequentemente, essa ação do defensor levará a uma resposta de um atacante sem a posse de bola, de modo a se aproveitar da ação executada pelo defensor. Esse é o princípio dos meios táticos grupais e coletivos.

Manutenção da posse de bola

A manutenção da posse de bola deve ser apresentada e discutida com jogadores de handebol desde as fases da iniciação esportiva. Valorizar a posse de bola é diferente de realizar um ataque demorado. A manutenção da posse de bola implica os atacantes identificarem qual a situação mais favorável para o arremesso, podendo ocorrer com 10 segundos ou 40 segundos de tempo de ataque.

Adaptação ao adversário

O handebol, antes de ser esporte, é um jogo. E o ato de jogar implica o jogador identificar as qualidades e as deficiências do adversário, tanto no ataque como na defesa. Desse modo, cabe aos atacantes identificar quais pontos podem ser explorados de cada defensor, podendo ser de um jogador mais baixo, que vai favorecer o arremesso da primeira linha ofensiva, ou de um jogador com dificuldade de deslocamento, que vai favorecer as fintas, ou mesmo de defensores que não estão acostumados a jogar juntos, o que vai dificultar nos auxílios entre os defensores. Assim, é necessário que os atacantes identifiquem quais são as deficiências dos defensores, individual e coletivamente, se adaptem a elas e aumentem a chance de êxito no ataque.

Variabilidade das ações técnico-táticas

Este princípio está muito ligado ao tópico anterior. De nada adiantará o atacante identificar as deficiências do adversário se ele ou mesmo a equipe não apresenta um repertório de ações técnico-táticas que permitam aproveitar essa deficiência. Assim, é necessário que o jogador, desde as fases de iniciação, seja estimulado a aplicar ações técnico-táticas das mais variadas, entendendo que isso lhe será útil futuramente.

Superioridade numérica

O handebol apresenta uma peculiaridade frente a outros esportes coletivos de ocupação simultânea de espaço, como o futebol, o futsal, o basquetebol e o rúgbi: a área de gol não pode ser invadida por jogadores de linha, tanto atacantes como defensores. Essa regra limita a área de progressão desses jogadores com a posse de bola, e, portanto, dificulta o êxito de ações individuais. Com isso, no handebol, o êxito do ataque tem boa relação com a qualidade em que as ações grupais e coletivas são realizadas. Assim, os atacantes devem ocupar toda a região da quadra, dentro das zonas de ação predispostas, realizar ataque em profundidade, em movimentos que visem atrair a atenção de um ou mais defensores, para proporcionar uma superioridade numérica momentânea de atacantes com chances de realizar o arremesso em relação à quantidade de defensores em condições de impedir ou dificultar o arremesso. Cabe aos atacantes estar coordenados de tal modo que aproveitem esses momentos de superioridade numérica.

Meios táticos individuais

Contra-ataque direto

É a transição ofensiva rápida com o objetivo de chegar à quadra de ataque com superioridade numérica ou defesa adversária desorganizada, para aumentar a possibilidade de marcar o gol. Nesse caso, é quando um jogador "rouba" a bola na defesa e realiza o contra-ataque sozinho.

Infiltração

Aproximação aos 6 metros, com posse de bola, passando por entre dois adversários, objetivando a finalização.

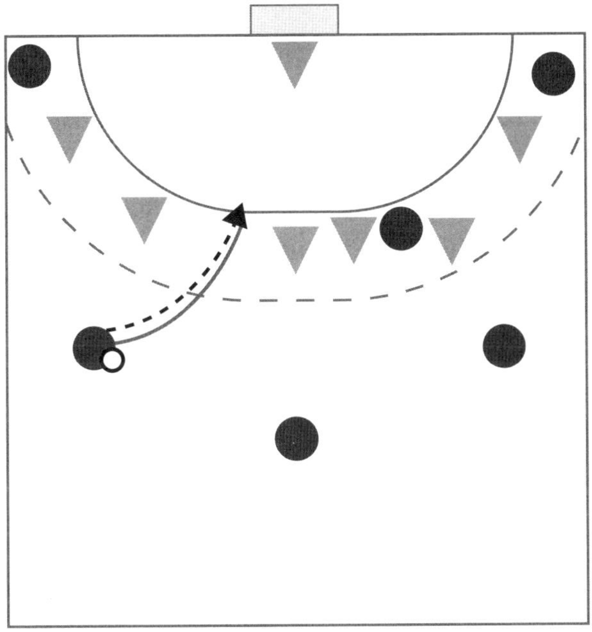

Figura 2.4: Exemplo de infiltração.

Fixação

Aproximação aos 6 metros, com posse de bola, indo em direção ao adversário, objetivando mantê-lo fixo na sua posição defensiva, ou mesmo atraindo sua atenção para que acompanhe a trajetória do atacante, promovendo o abandono da sua posição defensiva inicial.

Par

Aproximação em profundidade em direção ao defensor direto.

Ímpar

Aproximação em profundidade em direção ao defensor responsável em marcar um colega de equipe (defensor indireto).

Par-ímpar

Aproximação em profundidade em direção ao espaço correspondente aos defensores direto e indireto.

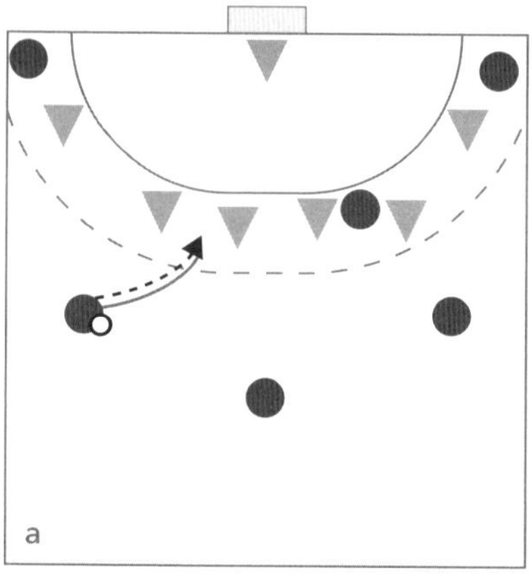

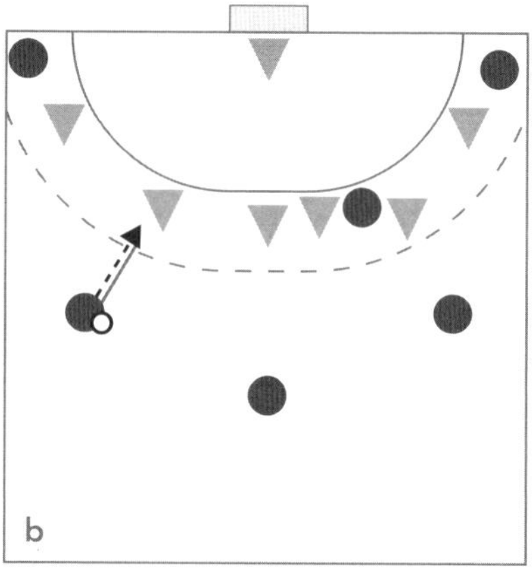

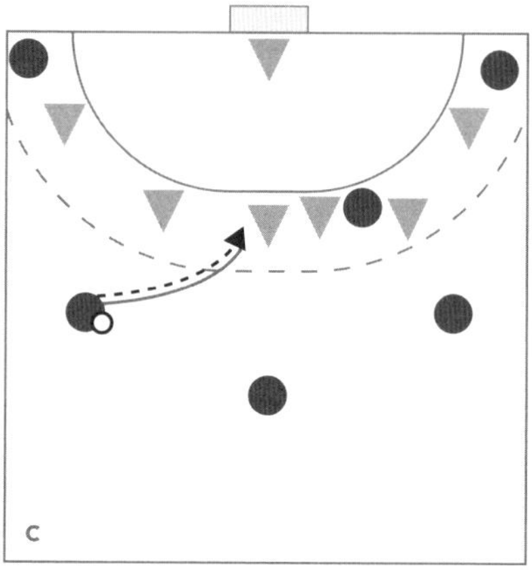

Figuras 2.5 (a, b e c): Formas de aproximação aos 6 m com posse de bola. Fixação par-ímpar (a), fixação par (b) e fixação ímpar (c).

Finta

Movimentação de um jogador com o objetivo de induzir o adversário a tomar uma decisão errada na defesa, proporcionando uma vantagem momentânea em relação ao defensor numa trajetória com ou sem a posse de bola. Enganar, induzir ao erro.

Sem bola (desmarque)

Deslocamento livre sem bola ou fingir um percurso de corrida e modificar rapidamente sua direção, ocupando um espaço vazio e livrando-se do adversário para receber a bola.

De passe

Fingir um passe e, em seguida, driblar, infiltrar, arremessar ou passar a bola para outra direção.

De arremesso

Fingir um arremesso e, posteriormente, driblar, infiltrar, passar ou arremessar de uma forma diferente da inicial.

De corpo

Fingir uma infiltração e, em seguida, mudar a direção para livrar-se do defensor e infiltrar-se do outro lado.

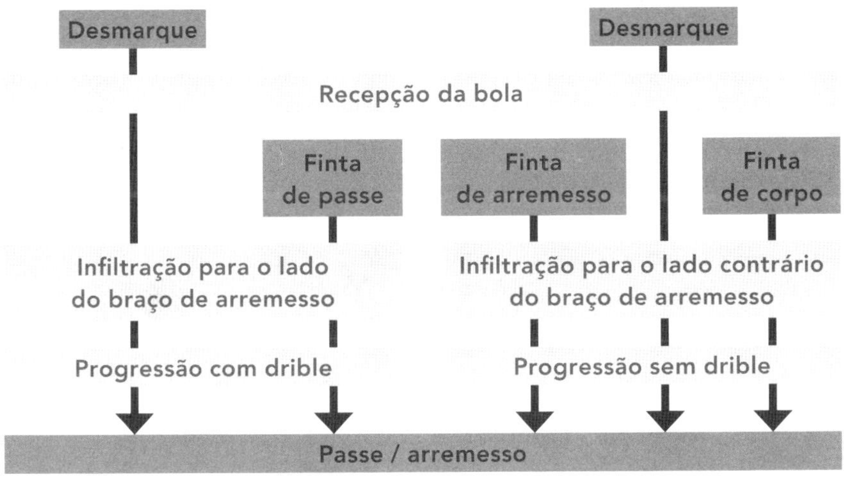

Quadro 2.1: Possibilidades básicas para a sequência de ações utilizando as fintas (Adaptado de Ehret *et al.*, 2002).

Meios táticos de grupo

São as ações realizadas de comum acordo entre dois ou mais jogadores para permitir que um atacante arremesse sem interferência do seu respectivo defensor ou com possibilidades reduzidas de atuação defensiva. Essa condição de superioridade numérica é criada quando um dos atacantes atrai a marcação de dois defensores e, consequentemente, outro atacante fica livre de marcação.

Contra-ataque sustentado

Dois ou mais jogadores partem para a quadra de ataque, de forma organizada, passando a bola rapidamente de um para o outro, até que um atacante possa arremessar para o gol livre de marcação.

Engajamento

Aproximações consecutivas aos 6 metros até que um atacante fique em condição de realizar uma finalização. Um jogador pode realizar a progressão com bola no espaço entre o seu defensor direto e o marcador de um companheiro de equipe (infiltração), em direção ao seu defensor direto (fixação par) ou em direção ao defensor de um companheiro de equipe (fixação ímpar), antes de passar a bola para um companheiro que está em condição de fazer a finalização. O engajamento com infiltração e fixação ímpar cria a possibilidade de arremesso caso o marcador de quem recebe a bola ajude a fechar o espaço almejado pelo passador. Por outro lado, o engajamento com fixação par permite que os atacantes façam o reconhecimento da defesa adversária, estudando tanto as ações individuais como as coletivas. Dessa forma, podem decidir qual a melhor estratégia para marcar o gol.

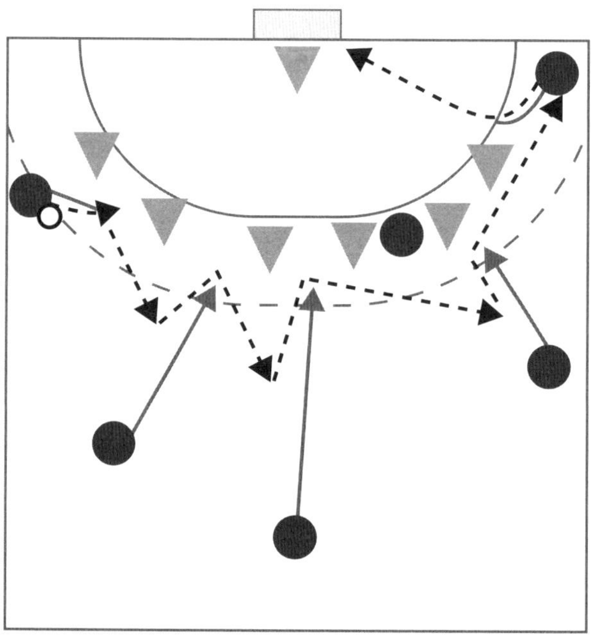

Figura 2.6: Engajamento com infiltrações consecutivas, iniciado pelo ponta esquerda e finalizado pelo ponta direita.

Cruzamento

Troca de posição entre os atacantes, na qual o jogador progride em direção à zona do companheiro de equipe. Esse último, por sua vez, ocupa o espaço deixado pelo companheiro. O cruzamento realizado entre apenas dois atacantes é denominado **cruzamento simples**. Quando participam da ação três jogadores, fica caracterizado o **cruzamento duplo**. Se durante essas ações houver falha na troca de marcação ou atraso no deslocamento defensivo, cria-se a oportunidade do arremesso sem marcação.

Com bola

Nesse tipo de cruzamento, o mais comum é que o iniciador da ação tática, ou seja, o atacante que progride em direção à zona do companheiro de equipe, esteja com a bola. Sendo assim, o colega de equipe que ocupa o espaço deixado pelo iniciador pode receber a bola em situação favorável para a finalização. Porém, a bola pode ser passada para um terceiro atacante que não participou do cruzamento, mas que pode estar em condição de finalizar a jogada ou dar continuidade ao ataque. Outra forma de realizar esse tipo de cruzamento é quando o iniciador não está com a posse de bola, mas progride em direção à zona de um colega que está com a bola e ocupa o espaço deixado pelo iniciador.

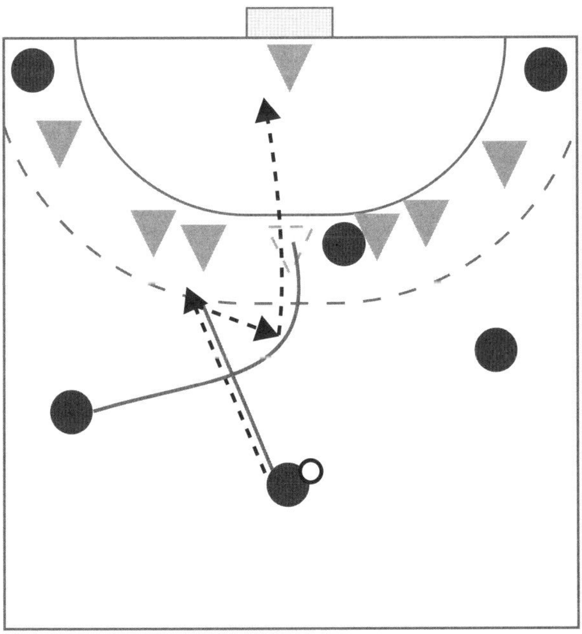

Figura 2.7: Cruzamento simples com bola entre o armador central (iniciador) e o armador esquerdo.

Sem bola (troca de posto específico)

Dois atacantes realizam o cruzamento, e um deles recebe a bola de um terceiro atacante na tentativa de ficar em situação de finalização sem marcação.

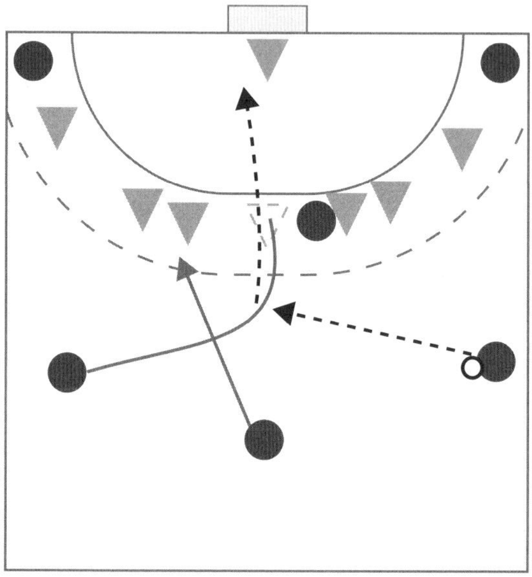

Figura 2.8: Cruzamento simples sem bola (troca de posto) entre o armador central (iniciador) e o armador esquerdo.

Bloqueio ofensivo

Consiste em um atacante evitar o deslocamento do defensor para favorecer a ação de um colega de equipe. Assemelha-se ao "corta-luz" do basquete.

Lateral

Evitar o deslocamento lateral do defensor para permitir, preferencialmente, a infiltração do colega de equipe com posse de bola (Figura 2.9).

Frontal

Evitar o deslocamento frontal do defensor para permitir, preferencialmente, o arremesso do colega de equipe com posse de bola, por cima da defesa adversária (Figura 2.10).

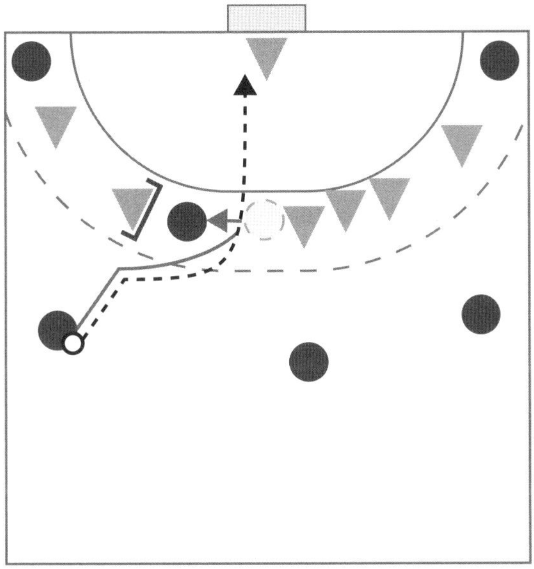

Figura 2.9: Bloqueio ofensivo lateral do pivô sobre marcador do armador esquerdo.

Figura 2.10: Bloqueio ofensivo frontal do pivô sobre marcador do armador esquerdo.

Quando dois ou mais jogadores realizam o bloqueio frontal simultaneamente, caracteriza-se a "pantalla". É muito utilizada nas cobranças de tiro livre.

Cortina

No cortina, o jogador abandona temporariamente seu posto e invade o de seu companheiro com a posse da bola, podendo ser pela frente ou por trás desse jogador (Antón, 2002). O objetivo desse meio tático é atrair a atenção do marcador direto e/ou indireto do atacante com a posse da bola.

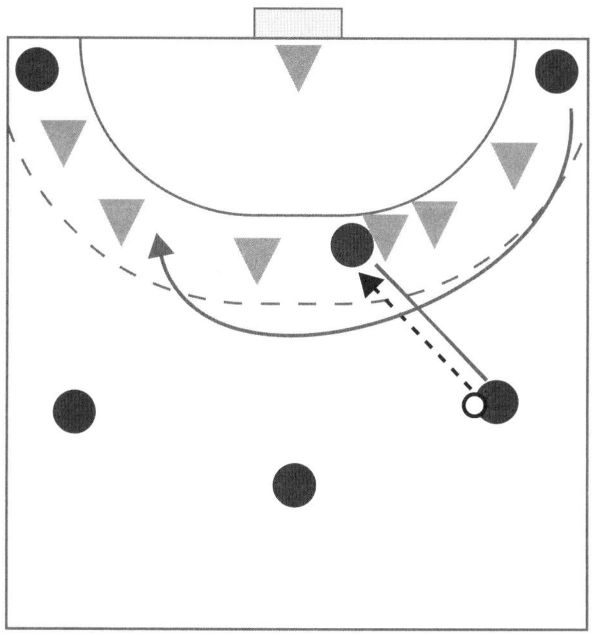

Figura 2.11: Cortina realizada pelo ponta direita, passando pelo armador direito, seguido de queda de segundo pivô.

A cortina mais frequente é a chamada cortina simples, a qual implica companheiros próximos que podem estar situados na mesma largura (central e lateral) ou profundidade (pivô e lateral ou pivô e central). Devido aos atacantes estarem situados em postos que se ligam, essa variante chega a surpreender menos os defensores, já que podem contemplar desde o primeiro momento em seu campo visual os jogadores que participam desse meio tático. Por essa razão, deve-se combinar essas cortinas com bola no jogador que realiza a distração, e a cortina sem a posse de bola direcionando o deslocamento no jogador beneficiado com a distração, ou mesmo num terceiro jogador, sendo que este deve estar próximo no instante que se iniciar o deslocamento. Quaisquer delas podem ser realizadas com circulação prévia do jogador, desde que em outros postos que não se liguem (ponta que circula pela primeira linha ofensiva e realiza a cortina em benefício do lateral contrário, por exemplo). Esta é a chamada cortina com circulação prévia. A intervenção, especialmente se for realizada sem a posse de bola, pode vir a surpreender mais aos defensores do que se for realizada com a posse de bola, todavia, tem o inconveniente de que o jogador deve receber a bola instantes antes de a cortina ser realizada (Antón, 2002).

Passa e vai

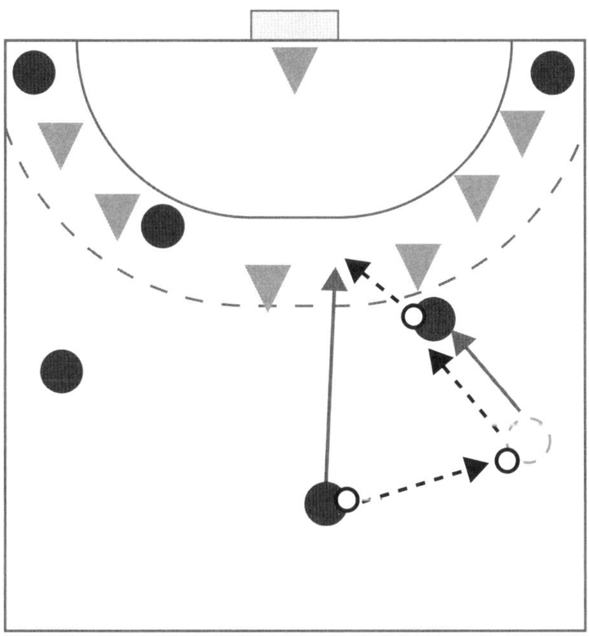

Figura 2.12: Passa e vai entre armadores central e direito.

O passa e vai é regido pelo princípio específico de passar a bola a um companheiro, deslocar-se em direção à meta e receber a bola novamente em condições de arremesso. É, portanto, resultado da interação simples entre dois atacantes frente à presença de dois adversários que tratam de conseguir uma vantagem especial em profundidade e plantada especialmente quando existem esses espaços para seguir progredindo e conseguir situações ótimas de penetração ou arremesso. Desse modo, trata-se de coordenar, entre os atacantes, a fixação de um defensor, criando um espaço livre para o desmarque de outro, através da realização de uma troca de passes entre os atacantes (Antón, 2002).

O passa e vai é um meio tático fundamental de utilização em situações de contra-ataque simples ou apoiado. Mostra-se útil e necessário também com defesas abertas, sistemas defensivos individuais e que realizam a marcação com maior proximidade (marcação pressão). Do mesmo modo, constitui um dos meios táticos mais importantes a serem utilizados em fase de iniciação e no início de fase de especialização.

Meios táticos de equipe

Tipos de ataque

Quanto à distribuição dos jogadores em quadra no ataque, deve-se considerar que a ocupação de uma mesma zona e mesma linha, simultaneamente, por dois jogadores da mesma equipe, parece ser pouco apropriada para realização do ataque. Teoricamente esses dois jogadores estariam competindo pelo mesmo espaço, sendo necessário apenas um defensor para se opor a eles. Por exemplo, se dois armadores ocupam a primeira linha ofensiva na zona lateral esquerda, ao mesmo tempo, o terceiro armador terá um espaço muito grande para ocupar, ou seja, a zona lateral direta e a central. Tal situação parece causar um desequilíbrio ao ataque, dificultando a criação de situações para uma finalização eficaz. Alguns tipos de ataque buscam manter o equilíbrio por meio de movimentações específicas, como veremos a seguir.

Jogo posicional

Nesse tipo de ataque, os jogadores realizam as movimentações ofensivas segundo o princípio da manutenção dos postos específicos, já que cada jogador não troca de posição com o outro. Mesmo depois de ter invadido o espaço de outro jogador após uma movimentação, o jogador retorna a sua posição inicial.

Em circulação

O ataque em circulação caracteriza-se pela troca constante de posição entre os jogadores. Essas trocas de posição podem ser feitas por jogadores com ou sem a posse de bola. Quando um jogador tem sua posição invadida por alguém da sua equipe, deve imediatamente ocupar outra posição que esteja vazia. A variação no ritmo dos deslocamentos e as mudanças de direção são fatores importantes para a efetividade desse tipo de ataque. Além disso, o ataque em circulação requer jogadores que conheçam as diferentes funções táticas e com capacidades técnico-táticas bem desenvolvidas em todos os postos específicos.

Combinado

A combinação do ataque posicional com o ataque em circulação configura-se quando parte dos jogadores mantém-se nos seus postos específicos e a outra parte realiza trocas de posição. De acordo com Tenroller (2004), geralmente os jogadores que fazem a circulação se encontram próximos à linha da área de gol. Entretanto, esses podem permanecer nos seus postos específicos e a circulação ocorrer somente entre os armadores. Outra possibilidade é a troca de posição de um finalizador com um armador. Podemos também considerar ataque combinado uma determinada situação em que um dos armadores se posiciona momentaneamente como pivô e, no mesmo ataque, retorna para sua posição original.

Sistemas de ataque

Sistema 3:3

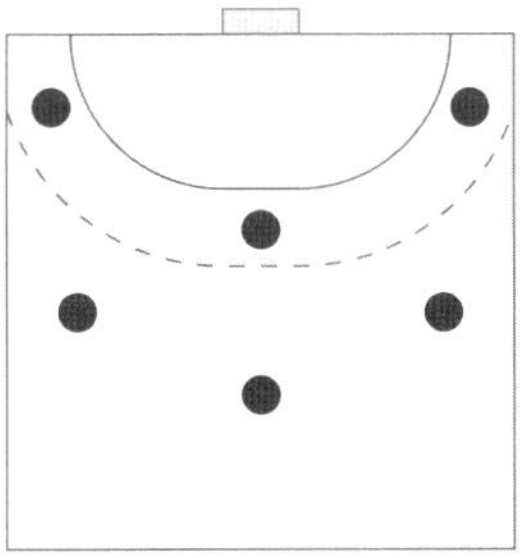

Figura 2.13: Distribuição dos jogadores em quadra formando o sistema ofensivo 3:3.

É o sistema mais utilizado pelas equipes, sendo a base para a maioria das ações ofensivas e de simples aplicação. Três jogadores posicionam-se na primeira linha e outros três na segunda linha ofensiva.

Sistema 2:4

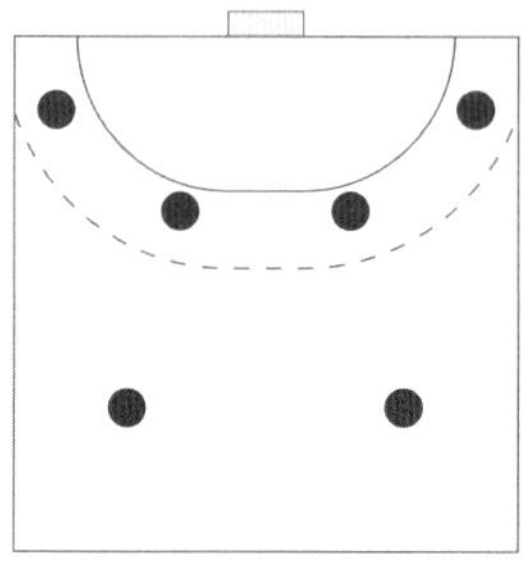

Figura 2.14: Distribuição dos jogadores em quadra formando o sistema ofensivo 2:4.

Dois jogadores posicionam-se na primeira linha e os outros quatro na segunda linha ofensiva. É a variação do sistema 3:3 que aumenta o número de jogadores "de finalização", realizando o ataque com dois pivôs.

TÁTICAS DE DEFESA

Organização dos jogadores na defesa

Os espaços que os jogadores de defesa podem ocupar são divididos em função das linhas e zonas da quadra.

Linhas defensivas

Refere-se à divisão da quadra de defesa em sua profundidade, tomando como referência a área dos 9 metros.

Primeira linha defensiva

Espaço compreendido entre a linha da área de gol (6 metros) e a área de tiro livre (9 metros).

Segunda linha defensiva

Espaço compreendido entre a linha da área de tiro livre e a linha central da quadra.

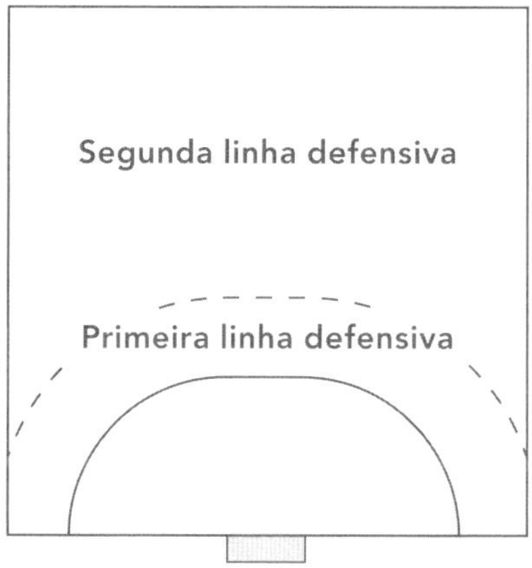

Figura 2.15: Divisão da quadra de defesa em linhas.

Zonas defensivas

São as divisões da quadra de defesa na sua largura, tomando como referência as linhas laterais.

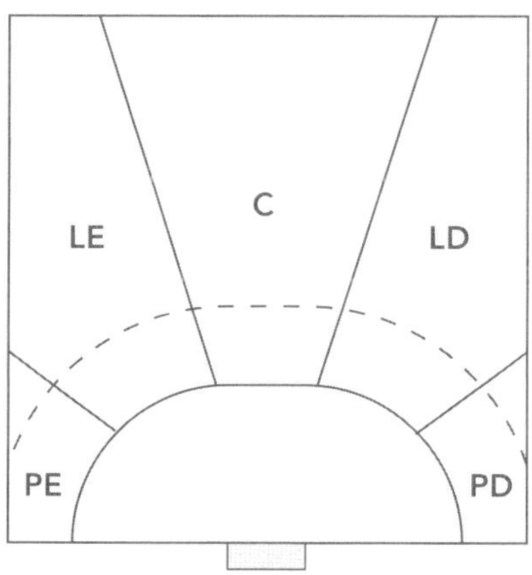

Figura 2.16: Divisão da quadra de defesa em zonas (PE = ponta esquerda, LE = lateral esquerda, C = central, LD = lateral direita, PD = ponta direita).

Postos específicos de defesa

Assim como no ataque, a distribuição dos jogadores nas linhas e zonas de defesa lhes confere funções e nomenclaturas específicas, determinando os postos específicos de defesa. Basicamente, temos defensores:

Defensor 1 direito e esquerdo

São os marcadores que se localizam nas regiões mais próximas das linhas de fundo e lateral da quadra de jogo. São responsáveis pela marcação dos jogadores de ponta. Em caso de sistemas defensivos com jogadores avançados, esses não costumam ser deslocados para a segunda linha defensiva, devendo permanecer na primeira linha defensiva e deslocando para a segunda linha apenas em necessidade de flutuação.

Defensor 2 direito e esquerdo

São os defensores direcionados para a marcação dos armadores esquerdo e direito, respectivamente. Desse modo, dependendo das características físicas, técnicas ou táticas dos armadores, esses defensores precisam avançar com frequência em sua marcação, defendendo na segunda linha defensiva. Podem ocorrer situações na partida em que os pivôs adversários posicionam-se na região do marcador 2, obrigando este a redobrar sua atenção, pois haverá dois atacantes em sua zona de defesa. Essa circunstância obriga os defensores que estão ao seu lado (os marcadores 1 e 3) a auxiliá-lo na marcação.

Defensor 3 direito e esquerdo

São os defensores posicionados na região central da quadra, também conhecida como base. Além da ação do armador central, nessa zona posicionam-s o pivô, frequentemente, e armadores e pontas, com menor frequência, a fim de aproveitar momentos de desatenção ou superioridade numérica momentânea da defesa. Assim, os jogadores dessa zona defensiva precisam de muita atenção, para conseguirem realizar marcações, flutuações e coberturas com eficiência. Além disso, dependendo das características físicas, técnicas ou táticas do armador central, um dos jogadores da posição 3 é utilizado, em geral, como defensor avançado, modificando o sistema defensivo.

Goleiro

Segundo Da Silva (2003), o goleiro de handebol é o último baluarte da defesa. E sua escolha está relacionada às seguintes qualidades: velocidade de reação, flexibilidade, agilidade, altura, domínio da bola e coordenação, não deixando de relatar características psicológicas, muitas vezes trazendo ações positivas à equipe, saber servir a bola aos seus companheiros, auxiliar a defesa em relação aos adversários, estar sempre atento ao jogo. O goleiro deve atuar com serenidade e segurança, procurando prever de onde virá o arremesso, e se posicionando adequadamente para realizar defesas importantes durante toda a partida.

Segundo Kasler (1982), o goleiro não deverá somente guardar sua meta, mas jogar junto com a defesa, auxiliando-a de maneira geral, procurando orientar os defensores para melhorar sua formação defensiva. O goleiro também deve buscar ajudar os companheiros com seus passes e arremessos.

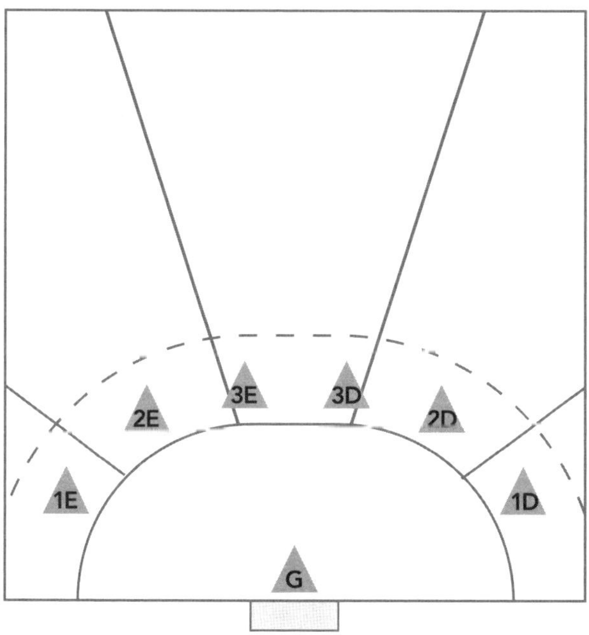

Figura 2.17: Postos específicos de defesa
(1E = defensor 1 esquerdo, 2E = defensor 2 esquerdo,
3E = defensor 3 esquerdo, 1D = defensor 1 direito,
2D = defensor 2 direito, 3D = defensor 3 direito, G = goleiro).

Fases da defesa

A defesa inicia-se no momento que a equipe que está atacando perde a posse de bola, quando comete um erro técnico (erro de passe, de recepção ou de arremesso), uma infração (invasão da área de gol, drible ilegal, sobrepassos, falta de ataque etc.), ou marca um gol.

Transição defensiva

É a passagem da quadra de ataque para a quadra de defesa a partir do momento que a equipe perdeu a posse de bola, até que a defesa esteja devidamente organizada. Nessa fase, os defensores devem estar atentos para impedir que os atacantes realizem o contra-ataque direto ou sustentado.

Defesa temporária

De acordo com Zamberlam (1999), a defesa temporária é o prolongamento da transição defensiva. Nessa situação, o defensor que volta para sua quadra de defesa rapidamente tende a retornar em linha reta, mas, muitas vezes, chega à defesa fora de sua posição original ou de maior rendimento individual preestabelecido.

Organização

Período em que os jogadores ocupam suas posições específicas de defesa. Ocorre imediatamente após um contra-ataque sem sucesso da equipe que recuperou a posse de bola, ou quando esta equipe repõe a bola em jogo por meio do tiro de saída, com a defesa já posicionada.

Defesa em sistema ou posicionada

Depois de ocuparem suas respectivas posições de defesa, os jogadores se organizam em sistema e realizam as ações táticas e técnicas com o objetivo de impedir ou dificultar o arremesso ao gol. Também conhecida como defesa posicionada, é um momento que as estratégias e os sistemas defensivos da equipe são claramente colocados em prática.

Princípios táticos defensivos

São as ações utilizadas para impedir ou dificultar o êxito dos atacantes para o arremesso e, consequentemente, para a anotação do gol. Sendo a marcação o único recurso defensivo e considerada ação técnica, apresentamos, a seguir, suas variações.

Segundo Simões (2002), o ato de defender envolve alguns princípios fundamentais:

- marcar primeiro e atacar após a recuperação da bola;
- antecipar-se aos gestos técnicos e táticos empregados pelo adversário;
- empregar gestos técnicos eficientes;
- evitar gastos de energia desnecessários;
- não menosprezar qualquer gesto técnico e tático empregado pelo atacante;
- cumprir uma missão específica com o intuito de evitar a progressão e os arremessos dos atacantes;
- deslocar-se em função da bola, no entanto, sem descuidar-se dos deslocamentos e das trajetórias do atacante correspondente (atacante por cuja marcação o defensor é responsável).

Meios táticos individuais

Marcação

Significa evitar que um adversário ocupe um determinado espaço ou realize qualquer ação ofensiva com ou sem bola. A marcação é uma ação técnico-tática que objetiva impedir, ou pelo menos dificultar, a progressão do atacante e, consequentemente, o gol da equipe adversária. Analisando essas variáveis, é necessária a marcação diferenciada com os sistemas defensivos empregados pela equipe, com a morfologia e a capacidade técnico-tática de marcação do jogador, além do seu posto específico defensivo. Por exemplo, se o sistema defensivo a ser realizado é o individual, é preciso estabelecer defensores, capacidade física, estatura, peso e técnicas compatíveis.

De acordo com Simões (1978), o defensor pode marcar o atacante por observação (colocar-se numa linha imaginária entre o atacante e o centro do gol), aproximação (se aproximar do adversário direto) ou interceptação (colocar-se numa linha imaginária entre o pivô e o atacante com posse de bola). As atitudes defensivas descritas acima são utilizadas para realizar dois tipos de marcação:

Individual

Não deixar receber a bola e/ou progredir, passar ou arremessar. Não deixar um determinado adversário jogar no ataque.

Por zona

Posicionar-se em uma zona defensiva determinada, evitando que qualquer adversário realize ações ofensivas dentro desse espaço.

Flutuação

Nesse meio tático, o defensor deve estar posicionado na direção do atacante correspondente, e no momento que o atacante recebe o passe, ele deve deslocar-se com o objetivo de impedir/dificultar a progressão do atacante em direção à meta. Geralmente ocorre quando o defensor está posicionado na primeira linha defensiva, e seu atacante correspondente, na segunda linha defensiva.

Antecipação

Prever a ação do adversário e interferir de tal maneira a provocar mudança de atitude na ação técnica, ou mesmo recuperando a possa de bola. O defensor deve permanecer nessa posição enquanto o atacante correspondente não estiver em fase de preparação de passe. Caso o atacante de posse da bola realize o passe, o defensor deverá deslocar-se em sua direção, com o objetivo de recuperar a bola. Se o atacante correspondente realizar alguma mudança de trajetória, será necessário que o defensor acompanhe o deslocamento do atacante para manter-se na trajetória do passe.

Cobertura

Ajudar o colega de equipe desempenhando sua função quando necessário. A cobertura consiste no defensor ocupar o espaço, ou parte desse espaço, se o defensor ao seu lado precisar deslocar-se para realizar a marcação de um atacante. Desse modo, o espaço proporcionado por tal deslocamento do defensor ficará ocupado, impedindo ou dificultando que o adversário se aproveite disso e finalize o gol.

Meios táticos de grupo

Equilíbrio defensivo

É a transição defensiva rápida com o objetivo de dificultar a ação de contra-ataque. O equilíbrio defensivo ou balanço defensivo normalmente é realizado pelos jogadores que não participaram diretamente da jogada que possibilitou a posse de bola para o adversário. Eles procuram impedir o desenvolvimento do contra-ataque na parte da quadra que provavelmente será explorada pelo adversário. Na Figura 2.18 a, podemos observar que após o arremesso realizado pelo ponta direita, o amador direito e o pivô estão diretamente envolvidos na ação de finalização e, portanto, não podem voltar para a defesa imediatamente. No entanto, o ponta esquerda, o armador esquerdo e o central não estão envolvidos diretamente com a finalização, realizando a volta imediata que configura o equilíbrio defensivo (Figura 2.18 b).

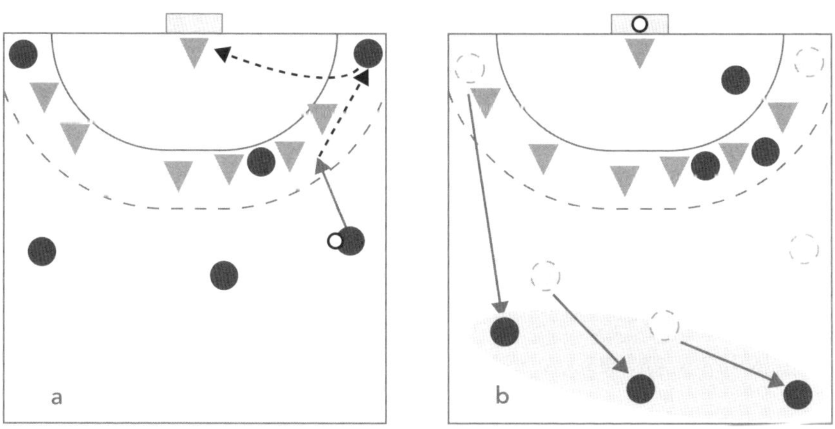

Figuras 2.18 (a e b): Representação da equipe em ataque posicionado (a) e no retorno dos jogadores em equilíbrio defensivo (b).

Triângulo defensivo

O triângulo defensivo consiste na realização simultânea dos meios táticos individuais de flutuação e cobertura. No momento em que um defensor irá realizar a cobertura, indo ao encontro do atacante com a bola, os defensores mais próximos a ele devem ficar atentos para auxiliá-lo na marcação. Assim, irão se aproximar do defensor que flutuou, posicionar o tronco lateralmente em direção à bolasem descuidar-se, porém, do atacante direto pelo qual é responsável a marcação. A intenção é ter três defensores se opondo a um atacante (3 × 1), como podemos ver na figura abaixo, que mostra um triângulo defensivo formado na frente do armador direito.

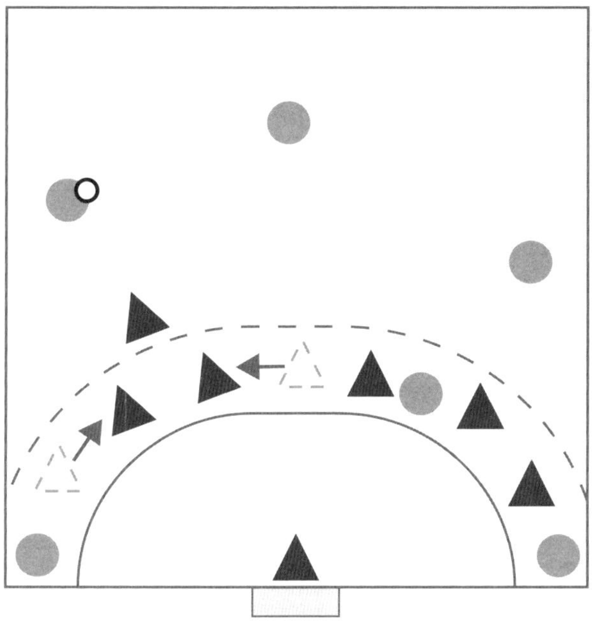

Figura 2.19: Representação do triângulo defensivo.

Meios táticos de equipe

Tipos de defesa

Em linha de arremesso

Simões (2002) descreve a defesa em linha como uma forma de diminuir os espaços nas proximidades da primeira e da segunda linha defensiva. O defensor responsável por determinada zona deverá posicionar-se entre o atacante, estando esse com ou sem bola, e o gol. Quando o atacante está com a bola, o defensor pode flutuar para limitar as ações do adversário. Nesse tipo de defesa, é importante que o defensor mantenha seu posto específico defensivo, realizando trocas de marcação apenas nas zonas em que se encontra o pivô.

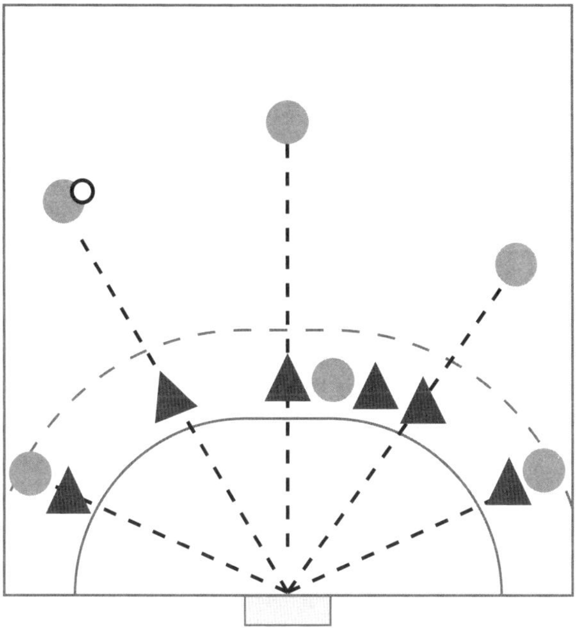

Figura 2.20: Representação da defesa em linha de arremesso.

Em bloco

Esse tipo de defesa funciona baseado na utilização do triângulo defensivo, no local onde o atacante está com bola. O objetivo da defesa em bloco é diminuir as possibilidades de finalização do atacante com bola, pois um defensor direto flutua para afastá-lo dos 6 metros e os dois defensores que estão ao seu lado se posicionam em função dos ângulos curto e longo de arremesso. As trocas de marcação do pivô acontecem com mais frequência e, portanto, é importante que os defensores tenham consciência da importância da ajuda mútua (Simões, 2002). No exemplo das figuras a seguir, é possível observar como o triângulo defensivo muda de zona à medida que a bola vai sendo passada de um atacante para o outro. O número de jogadores é maior na zona em que está posicionado o pivô, pois além das coberturas existe um defensor para esse jogador.

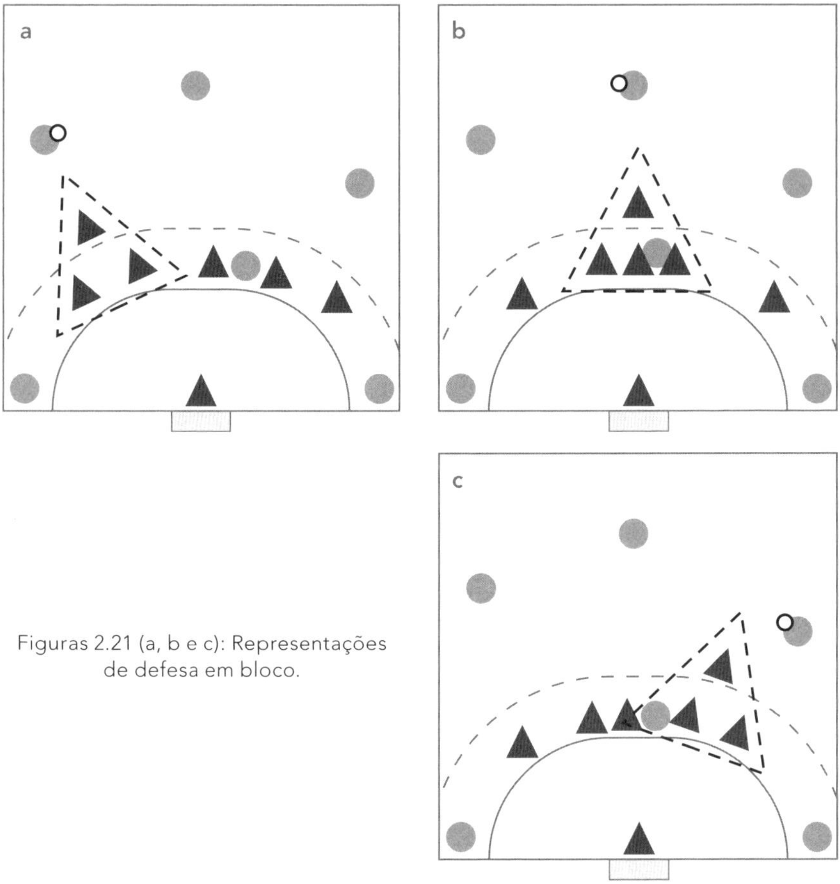

Figuras 2.21 (a, b e c): Representações de defesa em bloco.

Sistemas defensivos

Para utilizar um determinado sistema defensivo, é necessário levar em consideração as características físicas, técnicas e morfológicas dos seus jogadores e dos jogadores adversários, além da disposição tática dos jogadores adversários em fase de ataque. Assim, podemos dividir os sistemas defensivos em três grandes grupos: sistema individual, sistemas por zona e sistemas mistos.

Individual

Será caracterizado quando todos os defensores utilizarem marcação individual. Cada defensor é responsável pela marcação de um atacante individualmente, independentemente de onde estiverem posicionados. O objetivo da defesa individual é exercer uma pressão sobre os atacantes adversários, dificultando as trocas de passes e os arremessos, favorecendo a recuperação da bola. Esse meio tático pode ser aplicado pela quadra toda, pela meia quadra de defesa ou até a partir da segunda linha defensiva.

Por zona

Quando todos os defensores utilizam a marcação por zona, configura-se um sistema defensivo por zona, no qual cada defensor é responsável pela proteção de uma zona da quadra defensiva. O objetivo principal da defesa por zona é manter o equilíbrio numérico entre defensores e atacantes, evitando que o ataque adversário crie a situação de dois atacantes contra um defensor. A distribuição dos defensores ocorre tanto na primeira como na segunda linha defensiva, ou nas duas linhas simultaneamente. São utilizados diversos sistemas defensivos por zona, sendo que o nome dado a cada um deles está relacionado com a quantidade de jogadores na primeira e segunda linhas defensivas, respectivamente.

Sistema 6:0

Esse sistema é um dos mais utilizados no handebol competitivo, por diminuir os espaços para infiltrações, além de dificultar as movimentações do pivô e reduzir os espaços para arremessos das pontas; porém, permite arremessos da segunda linha defensiva.

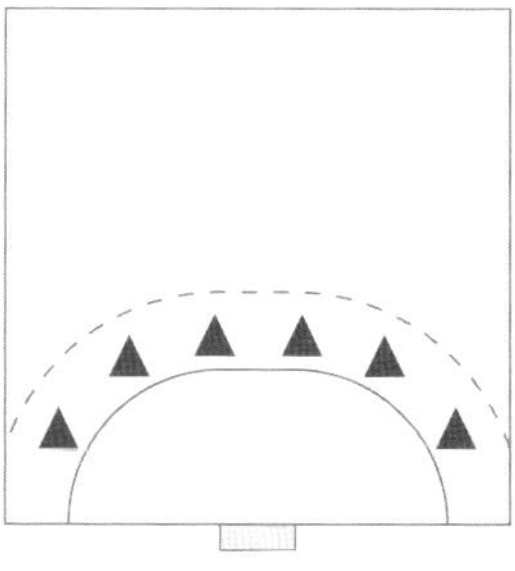

Figura 2.22: Representação do sistema 6:0.

Sistema 5:1

Esse sistema, com um jogador avançado na segunda linha defensiva, dificulta a troca de passes entre os armadores e, com isso, pode tornar a troca de passes entre esses atacantes mais lenta, facilitando a organização da defesa. Porém, a primeira linha defensiva fica mais vulnerável, contribuindo para as infiltrações e os deslocamentos do pivô.

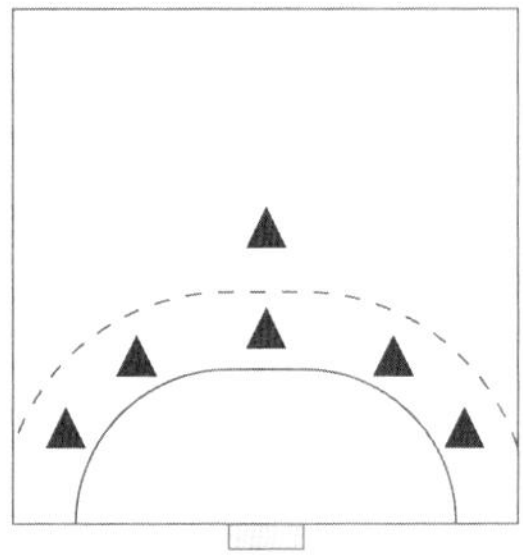

Figura 2.23: Representação de uma das possibilidades do sistema 5:1.

Sistema 4:2

Esse sistema, com dois jogadores avançados na segunda linha defensiva, dificulta ainda mais a troca de passes entre os armadores e, assim, pode tornar a troca de passes entre esses atacantes bastante lenta. Porém, deixa também a primeira linha defensiva mais vulnerável para infiltrações e deslocamentos do pivô.

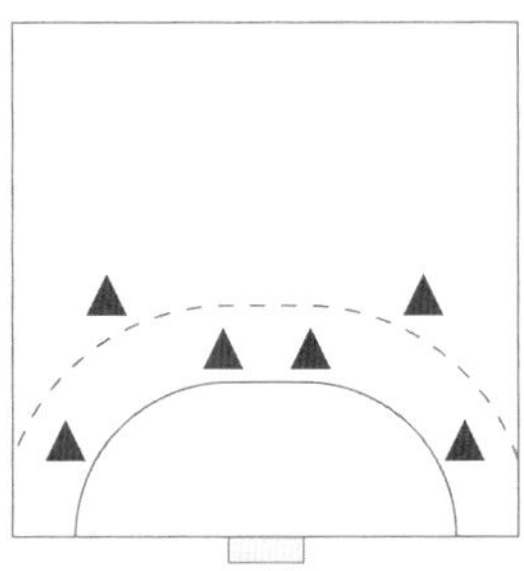

Figura 2.24: Representação de uma das possibilidades do sistema 4:2.

Sistema 3:3

Nesse sistema, com três jogadores em cada linha defensiva, a troca de passes em lateralidade e os arremessos da segunda linha defensiva ficam prejudicados. Porém, por dificultar as coberturas no caso de falhas individuais na defesa, proporciona uma grande vulnerabilidade à primeira linha defensiva. Uma variação desse sistema consiste em posicionar um defensor de segunda linha mais à frente, passando a ser denominado sistema 3:2:1.

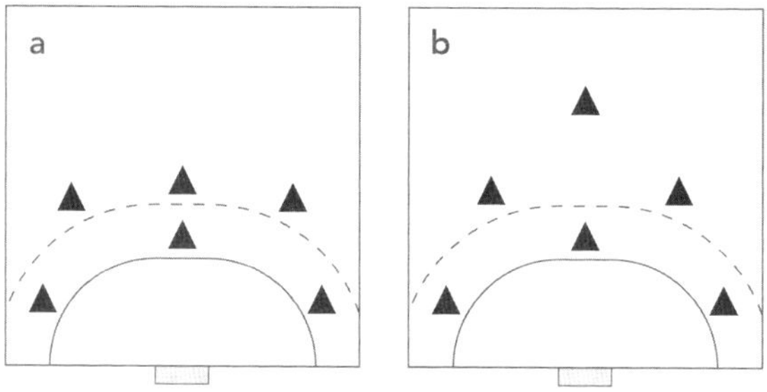

Figuras 2.25 (a e b): Representação dos sistemas 3:3 (a) e 3:2:1 (b).

Combinados

São os sistemas de defesa em que parte dos defensores utiliza marcação por zona e a outra parte faz uso de marcação individual. Os sistemas de defesa combinados são muito úteis quando um ou mais atacantes adversários destacam-se no jogo, desequilibrando a partida para a equipe adversária. Nesses sistemas, é importante a distribuição de responsabilidades entre os jogadores para garantir a eficiência dessa proposta defensiva. São exemplos de sistemas combinados:

Sistema 5+1

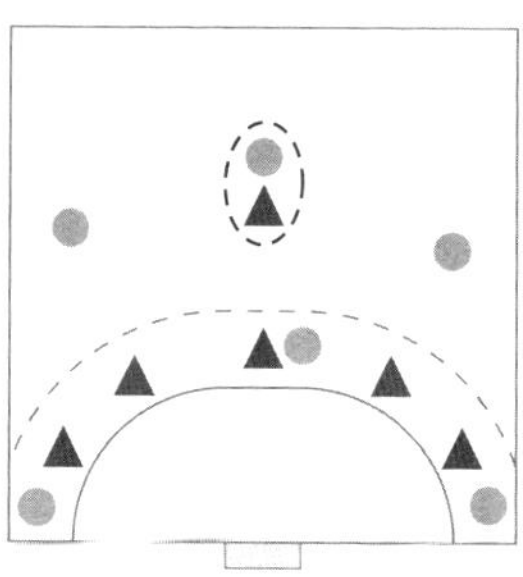

Figura 2.26: Representação do sistema 5+1.

No sistema 5+1, um defensor fica responsável por marcar individualmente um determinado atacante, enquanto os outros defensores ficam posicionados na primeira linha defensiva.

Sistema 4+2

Nesse sistema, dois defensores ficam responsáveis por marcar individualmente dois determinados atacantes, enquanto os outros defensores ficam posicionados na primeira linha defensiva.

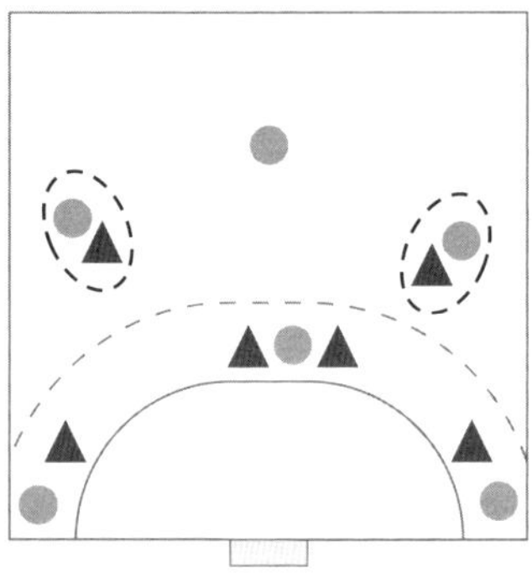

Figura 2.27: Representação do sistema 4+2.

Sistema 3+3

Nesse sistema, três defensores ficam responsáveis por marcar individualmente três determinados atacantes, enquanto os outros defensores ficam posicionados na primeira linha defensiva.

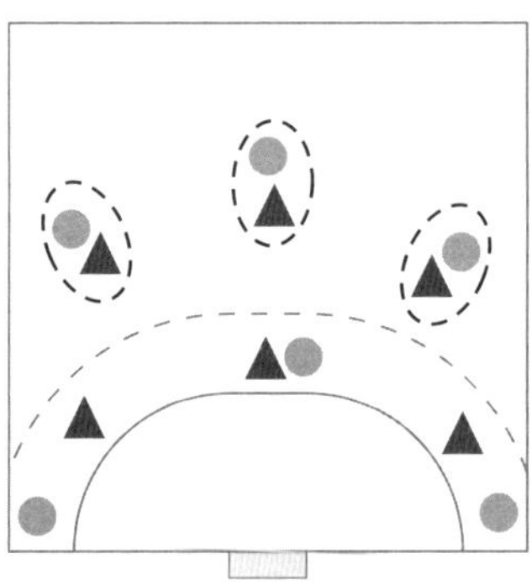

Figura 2.28: Representação do sistema 3+3.

Táticas do goleiro

Posicionamento

Em relação ao posicionamento, o goleiro deve estar extremamente concentrado; quanto a suas propriedades motoras, procurar ser veloz, flexível e ágil; se posicionar entre 50 e 80 centímetros da região dos 3 metros em um arco de referência (Figura 2.29); dependendo da sua estatura, altura e envergadura, movimentos de membros inferiores e quadril devem ser rápidos, braços ágeis, ombro em extensão, cotovelo a 45° e tronco levemente inclinado (Tenroller, 2008).

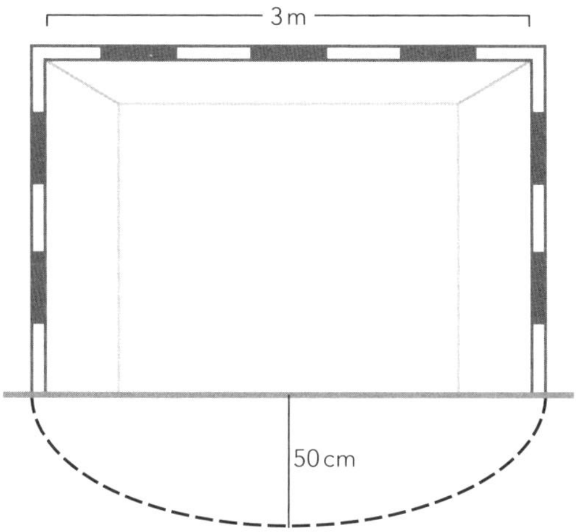

Figura 2.29: Arco de referência.

No handebol de alto nível, o goleiro joga muito próximo à linha de gol, possibilitando diminuir o ângulo no arremesso. O goleiro deve encontrar o "centro tático" do gol, o qual proporcionará maior possibilidade para efetuar as defesas. Segundo Kasler (1982), o "centro tático" é demarcado por uma linha circular, recuando 2 metros a partir do ponto central da linha da meta, traçando um arco de 3 metros em torno da trave.

Segundo Barela (1998), o goleiro deve sempre estar posicionado na bissetriz do ângulo de ataque (Figura 2.30), podendo diminui-lo em função da trajetória da bola e do arco de referência de deslocamento do goleiro. Esse arco imaginário passa tangente aos dois postes verticais da baliza e tem a sua corda maior no centro da mesma distância, que varia de 50 a 80 centímetros. Constata-se que o local ou a distância do goleiro no arco imaginário varia de acordo com as características físicas e técnicas dos goleiros.

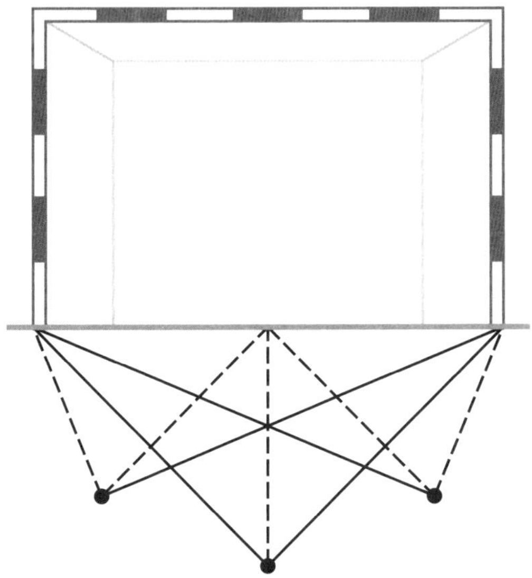

Figura 2.30: Bissetriz do ângulo de ataque.

3 ELEMENTOS TÉCNICOS

A TÉCNICA É A EXECUÇÃO motora de uma necessidade encontrada durante uma determinada situação na partida. Existe uma técnica correta e uma técnica eficaz. Com os treinamentos, buscamos desenvolver nos jogadores, dentro do modo individual de execução, a técnica mais próxima do modo biomecanicamente correto mantendo, porém, a eficácia do objetivo do gesto motor executado.

CONCEITO DE TÉCNICA

De acordo com Greco e Benda (1998), a técnica é a interpretação, no tempo, espaço e situação, do meio instrumental operativo inerente à concretização da resposta para a solução de tarefas ou problemas motores. Consiste, portanto, na melhor execução de um determinado gesto motor, com a máxima economia de energia possível.

Segundo Bayer (1986), a técnica representa todo um repertório de gestos, desenvolvidos individualmente, de acordo com a especificidade da ação no jogo, sendo este fruto da história e da evolução de cada jogo esportivo coletivo e baseado na experiência acumulada e continuamente enriquecida pelas gerações precedentes de desportistas.

Conforme Daolio (2002), o gesto esportivo oriundo dos movimentos dos atletas de alto rendimento constitui-se em técnicas, aliás, das mais eficientes.

TÉCNICAS DE ATAQUE

Recepção

As pegadas ou os recebimentos são técnicas aplicadas para reter a bola de forma correta nas diferentes situações do jogo, protegendo-a do adversário e enquadrando o corpo em condições de executar perfeitamente os movimentos (Camargo Netto, 1982).

Figura 3.1: Recepção.

Desse modo, a recepção é o gesto específico de receber, amortecer e reter a bola de forma adequada, nas diferentes posições e situações em que o jogador for solicitado. A recepção é uma técnica importante durante a preparação da finalização e para manter a posse de bola; assim, o jogador deverá conseguir dominá-la sempre (Zamberlam, 1999). Tecnicamente, a recepção deve ser feita com as mãos paralelas, ligeiramente côncavas e com as palmas das mãos voltadas para frente. Porém, recentemente os atletas a realizam com apenas uma mão.

É o fundamento responsável pela recuperação e/ou manutenção da posse de bola, o que é essencial para que se consiga chegar ao gol adversário e executar um arremesso em busca do gol (Melhem, 2004).

É o ato de receber e controlar ou dominar a bola. Poderá ser feita com uma ou duas mãos, em movimento ou parado. O seu objetivo é dar continuidade ao jogo (Tenroler, 2004).

Para cumprir os objetivos ofensivos do jogo de handebol, o praticante deverá estar preparado para receber a bola em diferentes situações. A seguir, serão apresentados os tipos de recepção classificados em função da altura, considerando que o jogador esteja parado.

Recepção alta

Preparação

Braço/antebraço: deverão ser projetados verticalmente acima da cabeça, acompanhando a trajetória da bola até o contato.

Recepção média

Preparação

Apresentar as duas mãos para o passador. Olhar fixamente para a bola. Alinhar o corpo com a bola.

Pernas: afastadas em posição anteroposterior, com a perna oposta ao lado da procedência da bola à frente.

Tronco: voltado para a direção de procedência da bola.

Braço/antebraço: à frente do corpo, na altura do peito, em direção à bola. Cotovelos semiflexionados.

Mãos: com a palma voltada para a bola. Dedos ligeiramente afastados e orientados para cima. Os polegares e indicadores formarão a figura da letra W.

Execução

Após o contato, a bola deverá ser pressionada com os dedos e levada até a altura do peito.

Recepção baixa

Preparação

Pernas: afastadas em posição anteroposterior, com a perna oposta ao lado da procedência da bola à frente. Flexão dos joelhos.

Braço/antebraço: à frente do corpo, na altura da cintura, em direção à bola. Cotovelos semiflexionados.

Mãos: com a palma voltada para a bola. Dedos ligeiramente afastados e orientados para baixo.

Tronco: inclinado à frente e voltado para a direção da bola.

Execução

A flexão dos joelhos será determinada pela altura que a bola estará do solo no momento do contato com as mãos do jogador.

A inclinação do tronco não deve ser exagerada, para que o jogador não perca o contato visual com o jogo.

Após o contato, a bola deverá ser pressionada com os dedos e levada até a altura do peito, com simultânea extensão dos joelhos até assumir a posição vertical.

Recepção no solo

Preparação

Pernas: afastadas em posição anteroposterior, com a perna oposta ao lado da procedência da bola à frente. Realizar flexão dos joelhos.

Braço/antebraço: estendidos na direção da bola.

Mãos: com a palma voltada para a bola. Dedos ligeiramente afastados e orientados para frente.

Tronco: inclinado à frente e voltado para a direção da bola.

Execução

Após o contato, a bola deverá ser pressionada com os dedos e levada até a altura do peito, com simultânea extensão dos joelhos até assumir a posição vertical.

A recepção média pode ser considerada a forma básica da execução dessa técnica, já que ocorre com mais frequência, sendo os outros tipos variações do fundamento. O atleta pode, além de receber a bola na posição estática, realizar a recepção em deslocamento e em suspensão, conforme as descrições a seguir.

Recepção em deslocamento

Durante a preparação, o jogador deverá ajustar a velocidade do deslocamento para interceptar a trajetória da bola, antes de tocá-la.

No momento do contato com a bola, o jogador estará apoiado em apenas um pé, sendo necessário levar o outro pé ao solo para continuar o deslocamento ou parar o movimento, dependendo da ação posterior.

Recepção em suspensão

A preparação é realizada a partir de um salto, com o objetivo de atingir a altura ideal para interceptar a trajetória da bola.

Após o contato com a bola, o jogador retoma o contato com o solo, com apenas um pé ou dois simultaneamente, preparando-se para as ações posteriores.

Após recepcionar a bola (ter seu controle), o atacante deverá se preparar para realizar as ações ofensivas posteriores, que podem necessitar de um arremesso para o gol ou de um passe para o companheiro de equipe. Para isso, é importante que o atacante tenha uma boa empunhadura, ou seja, segure a bola de forma adequada durante a execução desses gestos técnicos.

Empunhadura

É a forma de segurar a bola com uma das mãos. Todo o momento entre o jogador receber a bola e desvencilhar-se dela é caracterizado pela empunhadura. Tecnicamente, deve-se manusear a bola com uma das mãos, segurando a bola com as falanges distais dos cinco dedos abertos e com a palma da mão em uma posição ligeiramente côncava. Os dedos devem abarcar a maior superfície possível da bola, exercendo pressão para garantir maior domínio (Reis, 2003). A empunhadura pode ser realizada com o jogador parado ou em movimento.

Figura 3.2: Empunhadura.

Passe

É a maneira de enviar e dirigir a bola ao companheiro, de forma correta, com finalidade de facilitar a continuidade do jogo. O passe, junto com a recepção, é considerado elemento fundamental na condução da bola, entre os companheiros e na preparação da finalização (Zamberlam, 1999).

Independentemente do tipo de passe utilizado, a bola pode descrever a trajetória reta (para chegar ao colega de equipe mais rapidamente), parabólica (para lançar por cima de um defensor que se coloque entre dois atacantes) ou quicada (para lançar por baixo de um defensor que se coloque entre dois atacantes). Todos os tipos de passe que serão apresentados a seguir podem ser executados com o jogador parado, em deslocamento ou em suspensão. Porém, serão descritos os tipos de passe classificados em função da execução, considerando que o jogador esteja parado.

Passe de ombro

Preparação

Segurar a bola com uma das mãos.

Pernas: afastadas em posição anteroposterior, com a perna oposta ao braço de lançamento à frente.

Tronco: com rotação para o lado do braço de lançamento.

Braço/antebraço: o braço de lançamento na posição horizontal, na altura do ombro, e o antebraço na vertical, formando um ângulo de 90°. O outro braço deverá estar à frente do corpo.

Mão: envolvendo a bola, com os dedos orientados para cima.

Execução

Rotação do tronco, extensão do braço e do antebraço em direção ao companheiro que vai receber a bola, terminando com flexão de punho. Após a bola ter perdido contato com a mão do passador, a perna que estava posicionada atrás deverá ser levada à frente, seguindo o movimento do tronco.

Figura 3.3: Passe de ombro.

Passe por baixo

Preparação

Segurar a bola com uma das mãos.

Pernas: afastadas em posição anteroposterior, com a perna oposta ao braço de lançamento à frente.

Tronco: com rotação para o lado do braço de lançamento.

Braço/antebraço: o braço de lançamento na posição vertical, na altura do ombro, e o antebraço na vertical, formando um ângulo de 90°. O outro braço deverá estar à frente do corpo.

Mão: envolvendo a bola, com os dedos orientados para cima.

Execução

Rotação do tronco, extensão do braço e do antebraço em direção ao companheiro que vai receber a bola, terminando com flexão de punho, na altura do joelho. Após a bola ter perdido contato com a mão do passador, a perna que estava posicionada atrás deverá ser levada à frente, seguindo o movimento do tronco.

Passe em pronação

Figura 3.4: Passe em pronação.

Preparação

Segurar a bola com uma das mãos.

Pernas: afastadas em posição anteroposterior, com a perna oposta ao braço de lançamento à frente, ou também em afastamento lateral.

Tronco: posicionado para frente.

Braço/antebraço: o braço de lançamento paralelo ao tronco, ligeiramente afastado. O outro braço deverá estar à frente do corpo.

Mão: envolvendo a bola, com a palma da mão na posição oposta ao tronco.

Execução

O braço dominante da bola deve fazer uma abdução do ombro, enquanto a mão projeta a bola lateralmente, afastando-a do tronco. A perna do lado da mão que está realizando o passe deve realizar um afastamento frontal (se estiver com afastamento frontal das pernas) ou lateral (se as pernas estiverem em afastamento lateral). Após a bola ter perdido contato com a mão do passador, a perna que estava posicionada atrás deverá ser levada à frente, seguindo o movimento do tronco.

Passe por trás do corpo

Preparação

Segurar a bola com uma das mãos.

Pernas: afastadas em posição anteroposterior, com a perna oposta ao braço de lançamento à frente.

Tronco: com rotação para o lado do braço de lançamento.

Braço/antebraço: o braço de lançamento posicionado paralelamente ao tronco, mais próximo da parte de trás do tronco, e cotovelo ligeiramente flexionado. O outro braço deverá estar posicionado a frente do corpo.

Mão: envolvendo a bola, com os dedos orientados para baixo.

Execução

Tronco voltado para o gol, abdução do ombro de lançamento seguido de ligeira flexão do cotovelo. Em seguida, a bola deve ser liberada pelo jogador, permanecendo próxima dele. Após a bola ter perdido contato com a mão do passador, a perna que estava posicionada atrás deverá seguir o movimento do tronco. Esse tipo de passe, muito útil em cruzamentos, é comumente usado com o executante em movimento.

Passe por trás da cabeça

Preparação

Segurar a bola com uma das mãos.

Pernas: afastadas em posição anteroposterior, com a perna oposta ao braço de lançamento à frente.

Tronco: posicionado para frente.

Braço/antebraço: braço de lançamento com o cotovelo em flexão inferior a 90° e a palma da mão atrás da cabeça e voltada para fora. O outro braço deverá estar à frente do corpo.

Mão: envolvendo a bola, com os dedos orientados para frente.

Execução

Tronco voltado para o gol, a palma da mão afasta-se da cabeça enquanto a bola é liberada, permanecendo próxima do executante. Após a bola ter perdido contato com a mão do passador, a perna que estava posicionada atrás deverá seguir o movimento do tronco.

Arremesso

É um meio técnico realizado sempre em direção ao gol. É a maneira de enviar e dirigir a bola em direção ao alvo, de forma correta, com finalidade de facilitar a anotação do gol. Para cumprir os objetivos ofensivos do jogo de handebol, o praticante deverá estar preparado para arremessar a bola em diferentes situações. Por isso, o arremesso pode ser realizado com o jogador apoiado no solo ou em suspensão (saltando).

No **arremesso apoiado** (Figura 3.5), após a bola ter perdido contato com a mão do arremessador, a perna que estava posicionada atrás deverá ser levada à frente, seguindo o movimento do tronco. É um arremesso utilizado para ter mais precisão e potência pelo fato de o corpo estar mais estável em contato com o solo.

No **arremesso em suspensão** (Figura 3.6), o salto deve ser realizado em deslocamento frontal e vertical simultaneamente (podendo ser mais vertical em arremesso de longa distância e mais frontal em arremessos de curta distância), a fim de obter mais tempo de voo. A bola deve perder contato com a mão do arremessador antes de ele tocar com qualquer parte

Figura 3.5: Arremesso apoiado.

Figura 3.6: Arremesso em suspensão.

do corpo o solo. Depois de um arremesso em suspensão, o jogador poderá tocar o solo com uma queda frontal ou um rolamento, dependendo da posição do corpo no momento do arremesso.Todos os tipos de arremessos apresentados a seguir podem ser executados com o jogador parado, em deslocamento ou em suspensão:

- de ombro;
- por baixo;
- por cobertura ou "de vaselina";
- com efeito ou "de rosqueta".

Os arremessos podem ser classificados conforme sua execução. Na sequência, estão descritos de acordo com a forma como são executados.

Arremesso de ombro

Preparação

Segurar a bola com uma das mãos.

Pernas: afastadas em posição anteroposterior, com a perna oposta ao braço de lançamento à frente.

Tronco: com rotação para o lado do braço de lançamento.

Braço/antebraço: o braço de lançamento na posição horizontal, com o ombro em flexão, e o cotovelo quase em extensão completa. O outro braço deverá estar a frente do corpo.

Mão: envolvendo a bola, com os dedos orientados para baixo.

Execução

Rotação do tronco, extensão do braço e do antebraço em direção ao gol, terminando com flexão de punho. Após a bola ter perdido contato com a mão do arremessador, a perna que estava posicionada atrás deverá ser levada à frente, seguindo o movimento do tronco.

Arremesso de quadril

Preparação

Segurar a bola com uma das mãos.

Pernas: afastadas em posição anteroposterior, com a perna oposta ao braço de lançamento à frente.

Tronco: ligeira inclinação para baixo, com rotação para o lado do braço de lançamento.

Braço/antebraço: o braço de lançamento na posição horizontal, com o ombro em flexão e o cotovelo quase em extensão completa. O outro braço deverá estar à frente do corpo.

Mão: envolvendo a bola, com os dedos orientados para baixo.

Execução

Rotação do tronco e inclinação para baixo e para a frente, extensão do ombro e do antebraço em direção ao gol, terminando com flexão de punho, e a bola passando na linha do quadril. Após a bola ter perdido contato com a mão do arremessador, a perna que estava posicionada atrás deverá ser levada à frente, seguindo o movimento do tronco.

Arremesso por cobertura ou "vaselina"

Preparação

Segurar a bola com uma das mãos.

Pernas: afastadas em posição anteroposterior, com a perna oposta ao braço de lançamento à frente.

Tronco: com rotação para o lado do braço de lançamento.

Braço/antebraço: o braço de lançamento na posição horizontal, com o ombro em flexão, e o cotovelo quase em extensão completa. O outro braço deverá estar à frente do corpo.

Mão: envolvendo a bola, com os dedos orientados para baixo.

Execução

Extensão do cotovelo em direção ao gol, terminando com flexão do punho. A bola deve fazer uma parábola em direção ao gol. Após a bola ter perdido contato com a mão do arremessador, a perna que estava posicionada atrás deverá ser levada à frente, seguindo o movimento do tronco.

Arremesso com efeito ou "rosqueta"

Preparação

Segurar a bola com uma das mãos.

Pernas: afastadas em posição anteroposterior, com a perna oposta ao braço de lançamento à frente.

Tronco: com rotação para o lado do braço de lançamento.

Braço/antebraço: o braço de lançamento na posição horizontal, com o ombro em flexão, e o cotovelo quase em extensão completa. O outro braço deverá estar a frente do corpo.

Mão: envolvendo a bola, com os dedos orientados para baixo.

Execução

Extensão do cotovelo em direção ao gol, terminando com flexão do punho em velocidade e direcionando a bola ao chão, a fim de criar um efeito que afastará a bola do goleiro e a encaminhará à meta em seguida.

Drible

É uma das maneiras de progredir na quadra de posse da bola, ou mesmo manter-se de posse desta sem a necessidade de progressão. Segundo Reis (2003), é a ação de impulsionar e dirigir a bola em direção ao solo, uma ou mais vezes, sem perder o controle dela.

Figura 3.7: Drible.

Preparação

Segurar a bola com uma das mãos.

Pernas: afastadas em posição anteroposterior, com a perna oposta ao braço de lançamento à frente.

Tronco: voltado para a frente.

Braço/antebraço: braço de domínio da bola na posição vertical e à frente do tronco e cotovelo ligeiramente flexionado.

Mão: palma ligeiramente côncava, com os dedos voltados para baixo.

Execução

Com a mão de domínio da bola, projetar a bola para baixo, sempre com a palma da mão voltada para baixo.

Ritmo trifásico

Também conhecido por "três passadas", são os três passos permitidos que o jogador pode realizar com posse da bola durante uma partida, independentemente da perna utilizada na passada.

O jogador deve ter a habilidade de identificar, dentro de cada situação que lhe ocorrer numa partida, e executar o ritmo trifásico dentre as possibilidades de combinações apresentadas a seguir:

esquerda – direita – esquerda
esquerda – direita – direita
esquerda – esquerda – direita
direita – esquerda – direita
direita – esquerda – esquerda
direita – direita – esquerda

Preparação

Segurar a bola com uma das mãos.

Pernas: afastadas em posição anteroposterior, com a perna oposta ao braço de lançamento à frente.

Tronco: voltado para a frente.

Braço/antebraço: anatomicamente posicionado de acordo com o meio técnico a ser realizado, podendo ser passe ou lançamento, com suas determinadas variações.

Mão: palma da mão ligeiramente côncava, com os dedos voltados para baixo.

Execução

A sequência dos passos irá variar de acordo com a combinação anteriormente citada.

Duplo ritmo trifásico

Também conhecido como "dupla passada", é constituído pela realização de sete passos pelo jogador, independente da perna utilizada na passada. Os três primeiros passos são dados com a posse de bola imediatamente após a recepção, e simultaneamente à execução do quarto passo, o jogador terá de quicar a bola no solo uma vez, tornar a empunhá-la e dar mais três passos com a bola dominada e, ao final do sétimo passo, deve passar ou arremessar a bola (Reis, 2003).

O jogador deve ter a habilidade de identificar, dentro de cada situação que lhe ocorrer numa partida, e executar o ritmo trifásico dentre as possibilidades de combinações apresentadas.

Preparação

Segurar a bola com uma das mãos.

Pernas: afastadas em posição anteroposterior, com a perna oposta ao braço de lançamento à frente.

Tronco: voltado para a frente.

Braço/antebraço: anatomicamente posicionado de acordo com o meio técnico a ser realizado, podendo ser passe ou lançamento, com suas determinadas variações.

Mão: palma da mão ligeiramente côncava, com os dedos voltados para baixo.

Execução

A sequência dos passos irá variar de acordo com a combinação anteriormente citada.

TÉCNICAS DE DEFESA

Posição básica defensiva

A posição básica defensiva é uma posição anatômica que favorece qualquer deslocamento pelo defensor para realizar a marcação.

Preparação

Pernas: afastadas em posição lateral ou anteroposterior, somente com as pontas dos pés tocando o solo e joelhos semiflexionados.

Tronco: voltado para a frente.

Braço/antebraço: afastados lateralmente e posicionados na linha dos ombros, com os cotovelos ligeiramente flexionados.

Mão: palma da mão voltada para a frente.

Execução

O defensor deverá ficar sempre atento ao deslocamento do seu atacante correspondente e realizar o movimento de marcação.

Deslocamento básico defensivo

O deslocamento básico defensivo é o ato em que o defensor desloca-se em direção a seu atacante correspondente, com ou sem a posse de bola, ou desloca-se em direção ao espaço proporcionado por outro defensor em fase de marcação.

Preparação

Pernas: afastadas em posição lateral ou anteroposterior, somente com as pontas dos pés tocando o solo e joelhos semiflexionados.

Tronco: voltado para a frente.

Braço/antebraço: afastados lateralmente, com o braço do lado da bola posicionado acima da linha do ombro, na direção da bola, e o outro braço posicionado na linha da cintura; ambos os braços com os cotovelos ligeiramente flexionados.

Mão: palma da mão voltada para a frente.

Execução

Em caso de deslocamento lateral do atacante correspondente, o defensor deverá deslocar-se lateralmente, mantendo o tronco voltado para o atacante.

Em caso de progressão em profundidade do atacante correspondente, o defensor deverá deslocar-se frontalmente e em direção ao atacante, de modo a impedir a progressão.

Bloqueio defensivo

Realizado para interceptar a bola lançada em direção ao gol. O bloqueio defensivo é considerado o último recurso de um defensor de linha.

Figura 3.8: Bloqueio defensivo.

Preparação

Pernas: afastadas em posição lateral ou anteroposterior, somente com as pontas dos pés tocando o solo e joelhos semiflexionados.

Tronco: voltado para a frente.

Braço/antebraço: posicionados acima da cabeça, com os cotovelos estendidos.

Mão: palma da mão voltada para a frente.

Execução

O jogador deverá realizar uma ligeira flexão de joelhos, seguida de extensão, com o objetivo de vencer a resistência da gravidade e deslocar-se para cima com a maior altura possível. Os braços, estendidos, devem deslocar-se, buscando ficar à frente da bola.

Marcação por impedimento

É a maneira como o defensor evita as ações do atacante, segurando o braço de arremesso com uma mão e o quadril com a outra. Porém, esse contato físico deve respeitar a regra que determina faltas e condutas antidesportivas.

Figura 3.9: Marcação por impedimento.

Preparação

Pernas: afastadas em posição lateral ou anteroposterior, somente com as pontas dos pés tocando o solo, joelhos semiflexionados. A perna correspondente ao braço de arremesso do atacante deverá estar à frente.

Tronco: voltado para a frente.

Braço/antebraço: o correspondente ao lado de arremesso do atacante deverá estar entre a bola e a cabeça do adversário. O outro deverá estar na altura do quadril do atacante.

Mão: palma da mão voltada para fora em relação à cabeça do adversário.

Execução

Com o antebraço, levar para baixo o antebraço do atacante, mantendo as mãos sempre abertas. A outra mão deverá estar em contato com o quadril do adversário, segurando-o, sem empurrar ou puxar.

Técnicas de goleiro

O goleiro tem frações de segundo para definir o tipo de defesa a ser efetuado em determinada situação, se é defesa de bola alta, baixa, meia altura ou próxima ao gol (Ehret *et al.*, 2002).

Defesa alta

Bolas em que os atacantes arremessam acima da linha dos ombros do goleiro. A defesa pode ser efetuada com uma ou as duas mãos, com ou sem saltos de impulso (Ehret *et al.*, 2002; Tenroler, 2008). (Figura 3.10.)

Defesa em meia altura

Bolas arremessadas entre a linha do joelho e a linha dos ombros do goleiro. A defesa pode ser realizada com as mãos, pernas e quadril (Ehret *et al*, 2002; Tenroler, 2008). (Figura 3.11.)

Defesa baixa

Bolas arremessadas abaixo da linha do joelho. A defesa pode ser efetuada com os pés e as mãos alternados ou simultaneamente. (Ehret *et al*, 2002; Tenroler, 2008). (Figura 3.12.)

Figura 3.10: Defesa alta.

Figura 3.11: Defesa em meia altura.

Figura 3.12: Defesa baixa.

Defesa em X

Bolas arremessadas por pivôs ou atacantes em fase de contra-ataque, quando o objetivo do goleiro é diminuir os espaços em arremessos realizados entre a linha dos ombros e do quadril. A defesa é realizada por meio de um salto seguido de abdução de ombros e pelve, proporcionando o alinhamento dos braços à linha do ombro e das pernas à linha do quadril. A defesa é realizada com qualquer parte do corpo.

Figura 3.13: Defesa em X.

REFERÊNCIAS BIBLIOGRÁFICAS

ANTÓN, J. L. *Balonmano: táctica grupal ofensiva. Concepto, estructura y metodología*. Madrid, Gymnos. 1998.

BARELA, J, A. *Fundamentos de handebol: apostila didática*. Departamento de Educação Física. Unesp, Rio Claro, 1998.

BAYER, C. *La enseñanza de los juegos desportivos colectivos*. Barcelona. Hispano Europea, 1986.

BOMPA, T. O. *Treinando atletas de desporto coletivo*. Trad. Juliana de Medeiro Ribeiro, Juliana Pinheiro de Souza e Silva. Rev. científica de João Crisóstomo M. Bojikian e Clóvis A. Franciscon. São Paulo, Phorte, 2005.

CAMARGO NETTO, F. *Handebol*. 4. ed. Porto Alegre, Prodil-Lial, 1982.

CLANTON, R. E.; DWIGHT, M. P. *Team handball: steps to success*. Champaingn, Human Kinetics, 1997.

COMITÊ OLÍMPICO BRASILEIRO. Disponível em: *http://www.cob.org.br*. Acesso em 3 out. 2010.

CONFEDERAÇÃO BRASILEIRA DE HANDEBOL. Disponível em: *http://www.brasilhandebol.com.br/*. Acesso em 3. out. 2010.

DA SILVA, C. C. *Treinamento do Goleiro de Handebol*. Rio de Janeiro, Palestras Edições, 2003.

DAOLIO, J. "Jogos esportivos coletivos: dos princípios operacionais aos gestos técnico-modelo pendular a partir das idéias de Claude Bayer". *Revista Brasileira Ciência e Movimento*. v. 10, n. 4. Brasília, 2002. p. 99-104.

EHRET, A.; SPATE, D.; SCHUBERT, R.; ROTH, K. *Manual de Handebol: treinamento de base para crianças e adolescentes*. Trad. e rev. científica de Pablo Juan Greco. São Paulo, Phorte, 2002.

FEDERAÇÃO PAULISTA DE HANDEBOL. Disponível em: *http://www.fphand.com.br/fphand/*. Acesso em 3 out. 2010.

FERREIRA, P. *Handebol de salão: histórico mundial-atualizado, regras ilustradas, educativos a nível escolar de 1º e 2º grau*. 3. ed. São Paulo, Brasipal, [s.d.].

GRECO, P. J. *Caderno de Rendimento do Atleta de Handebol*. Belo Horizonte, Editora Health, 2000.

GRECO, P. J., BENDA, R. N. *Iniciação esportiva universal: da aprendizagem motora ao treinamento técnico*. v. 1. Belo Horizonte, Editora UFMG, 1998.

HOMAR LLINAS, F. *Balonmano: manuales para especialistas de la Organiziacion Juvenil Espanhola*. Madrid, Doncel, 1968.

INTERNATIONAL HANDBALL FEDERATION. Disponível em: *http://ihf.info/*. Acesso em 3 out. 2010.

KASLER, H. *Handebol: do aprendizado ao jogo disputado*. Trad. Sieglinda Lenk da Costa. Rev. técnica de Leoni Nascimento. Rio de Janeiro, Ao Livro Técnico, 1982.

MARIOT, J. *Handball: de l'école... aux associations*. Paris, Revue, 1994.

MELHEM, A. *Brincando e aprendendo handebol*. 2. ed. Rio de Janeiro, Sprint, 2004.

MELO, R. S. *Esportes de quadra*. 2. ed. Rio de Janeiro, Sprint, 2001.

RIBEIRO, W. C. G. *Manual de handebol*. Araçatuba, Leme Empresa Editorial, 1981.

SIMÕES, A. C. *Handebol defensivo: conceitos técnicos e táticos*. São Paulo, Phorte, 2002.

_______. "Modalidades esportivas coletivas: o handebol". In: ROSE JUNIOR, D. *Modalidades esportivas coletivas*. Rio de Janeiro, Guanabara Koogan, 2006.

_______. *Táticas defensivas e ofensivas*. São Paulo, Cia. Brasil, 1978.

STEIN, H.; FEDERHOFF, E. *Andebol*. 2. ed. Trad. Maria Teresa Henriques Goulão. Rev. técnica de Carlos Lisboa e José Goulão. Lisboa, Editorial Estampa, 1995.

TEIXEIRA, H. V. *Educação física e desportos*. 4. ed. São Paulo, Saraiva, 2003.

TENROLER, C. A. *Brincando e treinando goleiros: futebol de campo, handebol e futsal*. Porto Alegre, Editora Nova Prova, 2008.

_______. *Handebol: teoria e prática*. Rio de Janeiro, Sprint, 2004.

TUBINO, F. M.; GARRIDO, F. A. C.; TUBINO, M. J. G. *Dicionário enciclopédico Tubino do esporte*. Rio de Janeiro, Senac, 2007.

VIEIRA, S.; FREITAS, A. *O que é handebol*. Rio de Janeiro, Casa da Palavra, COB, 2007.

ZAMBERLAN, E. *Handebol: escolar e de iniciação*. Cambé, Imagem, 1999.

ÍNDICE REMISSIVO